Einstern

Mathematik für Grundschulkinder

4

Themenheft 3

★ Multiplikation und Division bis 1 000 000

★ Geometrie Teil 1 – Geodreieck, Symmetrie

Erarbeitet von Roland Bauer und Jutta Maurach

In Zusammenarbeit mit der Cornelsen Redaktion Grundschule

Cornelsen

Mathematik für Grundschulkinder
Themenheft 3
Multiplikation und Division
bis 1 000 000
Geometrie Teil 1 –
Geodreieck, Symmetrie

Erarbeitet von:	Roland Bauer, Jutta Maurach
Fachliche Beratung:	Prof'in Dr. Silvia Wessolowski
Fachliche Beratung exekutive Funktionen:	Dr. Sabine Kubesch, INSTITUT BILDUNG plus, im Auftrag des ZNL TransferZentrum für Neurowissenschaften und Lernen, Ulm
Redaktion:	Peter Groß, Agnetha Heidtmann, Uwe Kugenbuch
Illustration:	Yo Rühmer
Umschlaggestaltung:	Cornelia Gründer, agentur corngreen, Leipzig
Layout und technische Umsetzung:	lernsatz.de

fex steht für *Förderung exekutiver Funktionen*. Hierbei werden neueste Erkenntnisse der kognitiven Neurowissenschaft zum spielerischen Training exekutiver Funktionen für die Praxis nutzbar gemacht. **fex** wurde vom **ZNL TransferZentrum für Neurowissenschaften und Lernen** (www.znl-ulm.de) an der Universität Ulm gemeinsam mit der **Wehrfritz GmbH** (www.wehrfritz.com) ins Leben gerufen. Der Cornelsen Verlag hat in Kooperation mit dem ZNL ein Konzept für die Förderung exekutiver Funktionen im Unterrichtswerk *Einstern* entwickelt.

Bildnachweis

21, 22, 26, 27, 30, 31 Fotolia/Jonathan Werner   **24** (Zebrastreifen) Fotolia/eyetronic, (Jägerzaun) Fotolia/driendl, (Bahngleis) Fotolia/Torsten Dietrich   **25** (Geodreieck) Fotolia/Jonathan Werner, (Lineal) Fotolia/alexcrysman   **28** bpk-images/CNAC-MNAM/Jacqueline Hyde © VG Bild-Kunst, Bonn 2016   **29** (Altstadt Hannover) Fotolia/Mapics, (Fachwerkhaus Mainz) Fotolia/Branko Srot, (Zeichnung Fachwerkhaus) Laila Aburawi   **35** (Windmühle aus Stein) Fotolia/wjarek, (Schneeflocke) Fotolia/senoldo, (Vorfahrtsstraße) Fotolia/reeel, (gelbes Windrad) Fotolia/cristovao31, (Spielkarte) Fotolia/euthymia, (Fensterrose) akg-images/Gerard Degeorge, (Einfahrt verboten) Fotolia/ftrouillas, (Windräder) Shutterstock/pedrosala, (Kreissäge) Fotolia/iuneWind, (Weihnachtsstern) Fotolia/Conny Hagen, (Windmühle) Fotolia/swisshippo

www.cornelsen.de

1. Auflage, 1. Druck 2017

Alle Drucke dieser Auflage sind inhaltlich unverändert
und können im Unterricht nebeneinander verwendet werden.

© 2017 Cornelsen Verlag GmbH, Berlin

Das Werk und seine Teile sind urheberrechtlich geschützt.
Jede Nutzung in anderen als den gesetzlich zugelassenen Fällen bedarf
der vorherigen schriftlichen Einwilligung des Verlages.
Hinweis zu den §§ 46, 52a UrhG: Weder das Werk noch seine Teile dürfen ohne eine
solche Einwilligung eingescannt und in ein Netzwerk eingestellt oder sonst öffentlich
zugänglich gemacht werden.
Dies gilt auch für Intranets von Schulen und sonstigen Bildungseinrichtungen.

Druck: Parzeller print & media GmbH & Co. KG, Fulda

ISBN 978-3-06-083700-7
ISBN 978-3-06-081945-4 (E-Book)

PEFC zertifiziert
Dieses Produkt stammt aus nachhaltig
bewirtschafteten Wäldern und kontrollierten
Quellen.
www.pefc.de

PEFC/04-31-1308

Inhaltsverzeichnis

Multiplikation und Division bis 1 000 000

Mit Zahlen bis 20 multiplizieren und dividieren

- Einmaleinsaufgaben wiederholen 5
- Einmaleinsaufgaben üben 6
- Aufgaben aus dem großen Einmaleins kennenlernen 7
- Mit Zahlen zwischen 10 und 20 multiplizieren 8
- Vielfache finden 9
- Teiler finden 10

Große Zahlen multiplizieren und dividieren

- Halbschriftlich multiplizieren 11
- Halbschriftlich dividieren 12
- Mit Stufenzahlen multiplizieren 13
- Mehrstellige Zahlen multiplizieren 14
- Das Multiplizieren mehrstelliger Zahlen üben 15
- Stufenzahlen dividieren 16
- Das Dividieren durch mehrstellige Zahlen üben 17
- Mehrstellige Zahlen halbschriftlich multiplizieren und dividieren ... 18
- Multiplikation und Division bei Sachaufgaben anwenden 19

Geodreieck

Rechte Winkel kennenlernen

- Die Begriffe „rechter Winkel" und „senkrecht" kennenlernen 20
- Das Geodreieck kennenlernen 21
- Rechte Winkel und zueinander senkrechte Strecken zeichnen 22
- Mit dem Geodreieck Zeichnungen überprüfen 23

Parallele Linien kennenlernen

- Zueinander parallele Linien entdecken 24
- Zueinander parallele Linien zeichnen 25
- Zueinander parallele Linien finden 26
- Mehrere zueinander parallele Linien zeichnen 27
- Mit Parallelen Bilder gestalten 28
- Strukturen von Fachwerkbauten erkennen und zeichnen 29

Symmetrie

Mit achsensymmetrischen Figuren umgehen

- Mit dem Geodreieck die Symmetrieachse finden 30
- Mit dem Geodreieck die Spiegelfigur zeichnen 31
- An zwei Achsen nacheinander spiegeln 32
- An mehreren Achsen nacheinander spiegeln 33

Mit drehsymmetrischen Figuren umgehen

- Drehsymmetrische Figuren erzeugen 34
- Drehsymmetrische Figuren untersuchen 35
- Drehsymmetrische Figuren erkennen und zeichnen 36

Einmaleinsaufgaben wiederholen

 1 Wie rechnest du die Aufgabe 9 · 8? Vergleiche mit anderen Kindern.

 2 Löse die Aufgaben. Schreibe immer eine Zerlegungsaufgabe wie in den Beispielen der Kinder dazu, auch wenn du das Ergebnis auswendig weißt.
Vergleiche deine Hefteinträge mit denen anderer Kinder.

a) 7 · 6 =
9 · 5 =
4 · 9 =

b) 4 · 6 =
7 · 9 =
8 · 7 =

c) 9 · 4 =
8 · 8 =
4 · 7 =

Seite 5 Aufgabe 2
a) ...

3 Übertrage die Tabellen in dein Heft und fülle sie aus.
Vergleiche in jeder Tabelle die Summen oder die Differenzen. Finde eine Erklärung. Besprich deine Überlegungen mit einem anderen Kind.

a)
·	1	2	3	4	5	6
5						
4						
Summe	9					

b)
·	2	4	5	7	9	10
2						
6						
Summe	8					

c)
·	1	3	5	8	9	10
8						
2						
Differenz	6					

d)
·	1	2	5	6	7	8
9						
2						
Differenz	7					

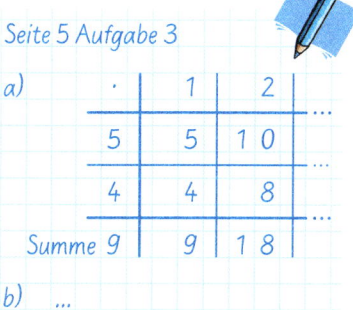

Seite 5 Aufgabe 3
a)
·	1	2	...
5	5	10	
4	4	8	
Summe 9	9	18	

b) ...

→ Ü Seiten 25 und 26

Einmaleinsaufgaben üben

1 Finde alle Ergebniszahlen, die in beiden Tabellen vorkommen. Lies jeweils die zugehörigen Multiplikationsaufgaben ab und schreibe die passenden Umkehraufgaben auf.

·	2	6	8	4	9	3
1	2	6	8	4	9	3
3	6	18	24	12	27	9
6	12	36	48	24	54	18
8	16	48	64	32	72	24
9	18	54	72	36	81	27

·	4	5	6	8	9	3
2	8	10	12	16	18	6
4	16	20	24	32	36	12
7	28	35	42	56	63	21
5	20	25	30	40	45	15
10	40	50	60	80	90	30

Seite 6 Aufgabe 1
6 : 6 = 1
6 : 1 = 6
6 : 3 = 2
6 : 2 = 3
...

So findet man die Erklärung.

2 Übertrage die Aufgaben in dein Heft und löse sie. Finde selbst weitere Paare.

a) 2 · 2 =   3 · 3 =   4 · 4 =
    1 · 3 =   2 · 4 =   3 · 5 =
    5 · 5 =   6 · 6 =   7 · 7 =
    4 · 6 =   5 · 7 =   6 · 8 =
    8 · 8 =   9 · 9 =   10 · 10 =
    ☐ · ☐ =   ☐ · ☐ =   ☐ · ☐ =

b) 42 : 7 =   30 : 6 =   56 : 8 =
    40 : 8 =   28 : 7 =   54 : 9 =
    72 : 9 =   90 : 10 =   20 : 5 =
    70 : 10 =   88 : 11 =   18 : 6 =

Seite 6 Aufgabe 2
a) 2 · 2 = 4   b) ...
   1 · 3 = 3

3 Finde für jedes Zeichen die passende Ziffer. Überprüfe deine Lösungen, indem du die Aufgaben mit den gefundenen Ziffern aufschreibst.

a) △ · △△ = ○○
   ○ · △△ = ☐☐
   ☐○ : △ = ○△
   ○△ + ○△ = ☐○

b) ☐◇ : ◇ = ◇
   ◇ − ☐ = ☐
   ◇ · ☐ = ☐☆
   ☾ · ☾ = ☆☐

Seite 6 Aufgabe 3
a) ○ = ...   b) ...
   △ = ...
   ☐ = ...

★ wenden die Zahlensätze des kleinen Einmaleins sowie deren Umkehrungen automatisiert und flexibel an
★ beschreiben arithmetische Muster und deren Gesetzmäßigkeit

Aufgaben aus dem großen Einmaleins kennenlernen

Ich setze die Neunerreihe fort:
..., 81, 90, 99, 108

$9 \cdot 12 = \square$

9 · 12 ist das Doppelte von 9 · 6.
$9 \cdot 6 + 9 \cdot 6 = 9 \cdot 12$
$54 + 54 = 108$

Ich sehe im Punktebild:
$9 \cdot 10 + 9 \cdot 2$
$90 + 18 = 108$

Ich rechne:

Wie löst du Aufgaben aus dem großen Einmaleins?

Mir hilft die Tauschaufgabe.
$12 \cdot 9 = 10 \cdot 9 + 2 \cdot 9$

$10 \cdot 12 - 1 \cdot 12$
$120 - 12 = 108$

Die Einmaleinsreihen der Zahlen von 11 bis 20 bilden das große Einmaleins.

1

a) Betrachte gemeinsam mit einem anderen Kind die unterschiedlichen Lösungswege in der Abbildung. Besprecht, mit welchen Überlegungen die einzelnen Kinder zur Lösung gekommen sind.

b) Wie rechnest du die Aufgabe $9 \cdot 12$?

2 Bestimme alle Ergebnisse der Zwölferreihe von $1 \cdot 12$ bis $10 \cdot 12$. Rechne auf deine Art.

Seite 7 Aufgabe 2
$1 \cdot 12 = 12$
⋮

3 Bilde eine weitere Reihe aus dem großen Einmaleins.

Seite 7 Aufgabe 3

4 Bestimme die Ergebnisse auf deine Art. Notiere deine Rechnung.

a) $5 \cdot 13 = \square$
$3 \cdot 14 = \square$

b) $8 \cdot 15 = \square$
$4 \cdot 16 = \square$

c) $6 \cdot 18 = \square$
$8 \cdot 17 = \square$

Seite 7 Aufgabe 4
a) ...

* übertragen ihre Kenntnisse zu den Zahlensätzen des kleinen Einmaleins in größere Zahlenräume
* nutzen und erklären Rechenstrategien und vergleichen und bewerten Rechenwege

Mit Zahlen zwischen 10 und 20 multiplizieren

1 Überlege, zu welchen Reihen die Ausschnitte gehören, und setze sie nach beiden Seiten fort.

a) …, 33, 44, 55, …, 110 b) …, 52, 65, 78, …, 130
c) …, 60, 75, 90, …, 150 d) …, 54, 72, 90, …, 180

Seite 8 Aufgabe 1
a) Elferreihe
   1 1, 2 2, 3 3, …
b) …

2 Finde jeweils Aufgabenpaare mit gleichem Ergebnis. Versuche es, ohne die Aufgaben auszurechnen.

a) 15·4   19·3
   6·14   12·5
   3·19   7·12

b) 8·14   8·12
   16·7   14·9
   16·6   7·18

c) 18·6   16·9
   6·15   5·18
   8·18   9·12

Seite 8 Aufgabe 2
a) 1 5 · 4 = 1 2 · 5
   ⋮
b) …

3 Löse die Aufgaben auf zwei Arten. Schreibe auf, wie du rechnest.

a) 9 · 18 =   b) 9 · 13 =   c) 9 · 14 =
   9 · 12 =   9 · 17 =   9 · 19 =
   9 · 16 =   9 · 11 =   9 · 15 =

Seite 8 Aufgabe 3
a) …

4 Bestimme die Differenz (D) zwischen den Ergebnissen von Multiplikationsaufgaben.

a) Löse die Aufgaben.

   4 · 15 =   7 · 19 =   3 · 16 =   8 · 14 =
   5 · 14 =   9 · 17 =   6 · 13 =   4 · 18 =
   ─────────   ─────────   ─────────   ─────────
   D: D: D: D:

Seite 8 Aufgabe 4
a) 4 · 1 5 = 6 0
   5 · 1 4 = 7 0
   ──────────
       D: 1 0
   ⋮
b) 4 · 1 5 = 4 · 1 0 + 4 · 5
   5 · 1 4 = 5 · 1 0 + 5 · 4
   ⋮
c) …

b) Finde einen Zusammenhang zwischen den Aufgabenpaaren und der jeweils dazugehörigen Differenz.

Verdeutliche deine Erkenntnisse durch Aufschreiben der Rechenschritte und Markieren, Einkreisen oder … Besprich deine Entdeckungen mit einem anderen Kind.

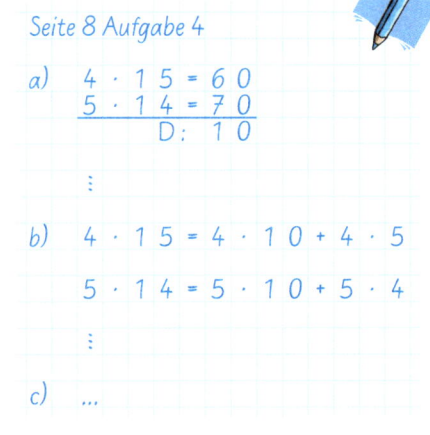

c) Berechne die Differenz der Ergebnisse, ohne die Aufgaben auszurechnen.

   5 · 16   7 · 12   8 · 14   3 · 15
   6 · 15   2 · 17   4 · 18   5 · 13
   ──────   ──────   ──────   ──────
   D: D: D: D:

★ erkennen die Strukturen arithmetischer Reihen und Muster und setzen diese fort
★ nutzen und erklären Rechenstrategien und entwickeln vorteilhafte Lösungswege
★ wenden ihre mathematischen Kenntnisse, Fähigkeiten und Fertigkeiten bei der Bearbeitung herausfordernder und unbekannter Aufgaben an

→ Ü Seite 27

Vielfache finden

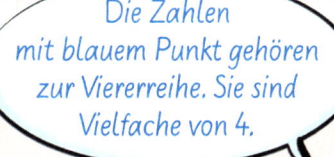
Die Zahlen mit blauem Punkt gehören zur Viererreihe. Sie sind Vielfache von 4.

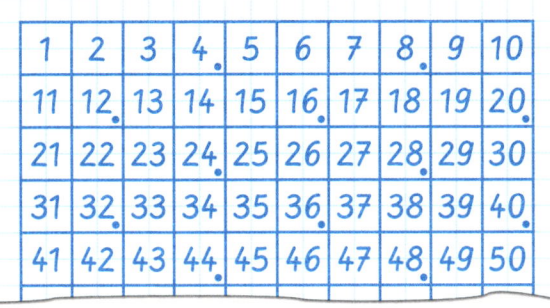

Vielfache von 4 sind:
4, 8, 12, 16, …

Man kann auch so schreiben:
V_4: 4, 8, 12, 16, …

1 Zeichne selbst eine vollständige Hundertertafel. Kennzeichne wie oben …

… mit einem blauen Punkt alle Vielfachen von 4.
… mit einem roten Punkt alle Vielfachen von 3.
… mit einem grünen Punkt alle Vielfachen von 5.
… mit einem … Punkt alle Vielfachen von …

Seite 9 Aufgabe 1
…

2 Bestimme Vielfache verschiedener Zahlen.

a) Notiere die Zahlen, die gleichzeitig Vielfache von 3 und 4 sind. Schreibe so: $V_{3,4}$: …

b) Bestimme die gemeinsamen Vielfachen von 5 und 10.
$V_{5,10}$: …   Was fällt dir auf?

c) Bestimme die Vielfachen von 12.
Von welchen anderen Zahlen sind sie ebenfalls Vielfache? Begründe.

d) Notiere einige Vielfache von 21. Diese sind gleichzeitig die gemeinsamen Vielfachen zweier anderer Zahlen. Erkläre, von welchen Zahlen sie gemeinsame Vielfache sind und warum.

Seite 9 Aufgabe 2
a) $V_{3,4}$: 1 2, …   b) …

3 Ergänze die Aussagen zusammen mit einem Partnerkind. Sprecht darüber.

a) Alle geraden Zahlen sind Vielfache von ▮.
b) Alle Vielfachen von 10 haben ▮ als Einerziffer.
c) Alle Vielfachen von 8 sind gemeinsame Vielfache von ▮ und ▮.
d) Alle Vielfachen von 5 haben ▮ oder ▮ als Einerziffer.
e) Alle gemeinsamen Vielfachen von 5 und 10 haben als Einerziffer ▮.
f) Schreibe Zahlen auf, die nur Vielfache von sich selbst und 1 sind.

Seite 9 Aufgabe 3
a) …

→ AH Seite 29
→ Ü Seite 29

Teiler finden

1 Notiere alle …

a) … Teiler von 24.
b) … Teiler von 60.
c) … Teiler von 64.
d) … gemeinsamen Teiler von 72 und 90.

Seite 10 Aufgabe 1
a) T_{24}: 1, 2, 3, …   b) …

2 Ergänze die Aussagen zusammen mit einem Partnerkind. Sprecht darüber.

a) Eine Zahl hat 2 als Teiler, wenn die letzte Ziffer …
b) Eine Zahl hat 5 als Teiler, wenn die letzte Ziffer …
c) Eine Zahl hat 10 als Teiler, wenn die letzte Ziffer …
d) Eine Zahl, die 2 und 5 als gemeinsame Teiler hat, ist durch ▢, ▢, ▢ und ▢ teilbar.
e) Eine Zahl, die 12 als Teiler hat, hat auch ▢, ▢, ▢, ▢ und ▢ als Teiler.
f) Alle Zehnerzahlen haben ▢, ▢, ▢ und ▢ als gemeinsame Teiler.
g) Alle zweistelligen Zahlen mit zwei gleichen Ziffern haben ▢ und ▢ als Teiler.
h) 16 hat ▢ verschiedene Teiler.

Seite 10 Aufgabe 2
a) …

3 Notiere in deinem Lerntagebuch verschiedene Zahlen, bei denen du die Teiler leicht erkennen kannst. Begründe, warum du sie leicht erkennen kannst.

4 Löse die Zahlenrätsel.

a) Meine Zahl ist gemeinsamer Teiler von 24 und 30 und ungerade.
b) Meine Zahl ist gemeinsamer Teiler von 36 und 27 und größer als 4.
c) Meine Zahl hat 4 als Teiler, ist größer als 45 und kleiner als 50.
d) Erfinde selbst Zahlenrätsel zu Vielfachen und Teilern. Stelle sie einem anderen Kind vor.

Seite 10 Aufgabe 4
a) …

★ nutzen und erklären Rechenstrategien
★ erkennen mathematische Zusammenhänge, entwickeln Lösungswege und suchen situationsangemessene Begründungen

→ AH Seite 30
→ Ü Seite 30

Halbschriftlich multiplizieren

1 Löse die Aufgaben. Schreibe deine Rechenschritte auf. Kontrolliere selbst.

a) 7 · 56 = ▮
8 · 48 = ▮
9 · 38 = ▮
6 · 37 = ▮

b) 6 · 185 = ▮
4 · 236 = ▮
7 · 109 = ▮
5 · 123 = ▮

c) 43 · 7 = ▮
94 · 3 = ▮
125 · 5 = ▮
204 · 3 = ▮

392 615 625 342 612 301 384 282 222 763 1110 944

Seite 11 Aufgabe 1
a) ...

2 Übertrage die Tabellen in dein Heft. Fülle sie vollständig aus. Rechne geschickt.

a)
Stunden	1	2	3	4	5
Minuten	▮	▮	▮	▮	▮

b)
Tage	1	2	4	6	8
Stunden	▮	▮	▮	▮	▮

c)
Jahre	1	2	3	4	6
Tage	▮	▮	▮	▮	▮

d)
Taschengeld	16 €	▮	▮	▮
Monate	1	3	4	8

Seite 11 Aufgabe 2
a)
Stunden	1	2	...
Minuten	6 0	...	

b) ...

→ Ü Seite 31

★ lösen halbschriftlich Multiplikationsaufgaben
★ wandeln Einheiten um

Halbschriftlich dividieren

1 Löse die Aufgaben. Schreibe deine Rechenschritte auf. Kontrolliere selbst.

a) 98 : 7 = ☐
57 : 3 = ☐
96 : 6 = ☐
72 : 4 = ☐
93 : 3 = ☐

b) 168 : 3 = ☐
234 : 6 = ☐
472 : 8 = ☐
371 : 7 = ☐
366 : 6 = ☐

c) 699 : 3 = ☐
984 : 8 = ☐
528 : 4 = ☐
436 : 2 = ☐
168 : 8 = ☐

16 14 123 21 59
39 18 132
19 31 218
61 53 233
56

Seite 12 Aufgabe 1
a) ...

2 Vergleiche deine Zerlegungen bei Aufgabe **1** mit denen eines anderen Kindes. Begründet jeweils, warum ihr so zerlegt habt.

3 Suche gemeinsam mit einem anderen Kind zu der Aufgabe 666 : 9 = ☐ möglichst viele unterschiedliche Zerlegungen.

Seite 12 Aufgabe 3
...

4 Bestimme immer die Aufgabe und die Lösungen, die zu den Teilaufgaben gehören.

a) ☐ : ☐ = ☐
800 : 4 = ☐
120 : 4 = ☐
36 : 4 = ☐

b) ☐ : ☐ = ☐
900 : 3 = ☐
210 : 3 = ☐
18 : 3 = ☐

c) ☐ : ☐ = ☐
600 : 2 = ☐
160 : 2 = ☐
12 : 2 = ☐

d) ☐ : ☐ = ☐
420 : 7 = ☐
140 : 7 = ☐
7 : 7 = ☐

Seite 12 Aufgabe 4
a) ...

* lösen halbschriftlich Divisionsaufgaben
* vergleichen, bewerten und begründen ihre Rechenwege

→ AH Seite 31
→ Ü Seite 32

Mit Stufenzahlen multiplizieren

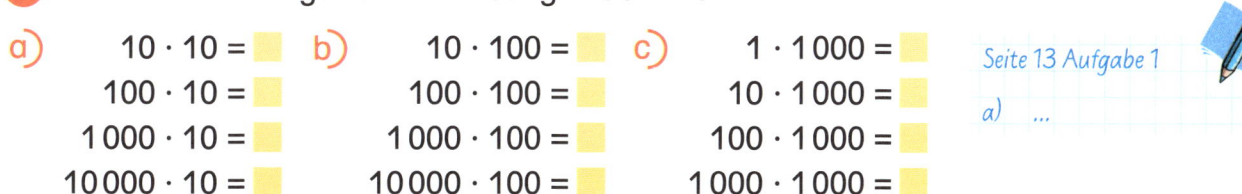

1E •

1Z ▬

1E · 10 =   10 = 1Z

1H ▦

1Z · 10 =   100 = 1H

1T ■

1H · 10 =   1 000 = 1T

1ZT ▭▭▭▭▭▭▭▭▭▭

1T · 10 = 10 000 = 1ZT

HT	ZT	T	H	Z	E
					1
				1	0
			1	0	0
		1	0	0	0
	1	0	0	0	0

· 10
· 10
· 10
· 10

Beim Multiplizieren mit 10 rücken alle Ziffern eine Stelle nach links.

Manche sagen, hinten kommt einfach eine Null dazu.

10 · 100 = 10 · 10 · 10 = 1 000
100 · 100 = 100 · 10 · 10 = 10 000
1 000 · 100 = 1 000 · 10 · 10 = 100 000
1 000 · 1 000 = 1 000 · 10 · 10 · 10 = 1 000 000

1 Schreibe die Aufgaben mit Lösung in dein Heft.

a) 10 · 10 =   b) 10 · 100 =   c) 1 · 1 000 =
100 · 10 =   100 · 100 =   10 · 1 000 =
1 000 · 10 =   1 000 · 100 =   100 · 1 000 =
10 000 · 10 =   10 000 · 100 =   1 000 · 1 000 =

Seite 13 Aufgabe 1
a) …

d) Betrachte, wie sich die Ergebnisse bei a) bis c) verändern.
Tausche dich über deine Beobachtungen mit einem anderen Kind aus.

Mehrstellige Zahlen multiplizieren

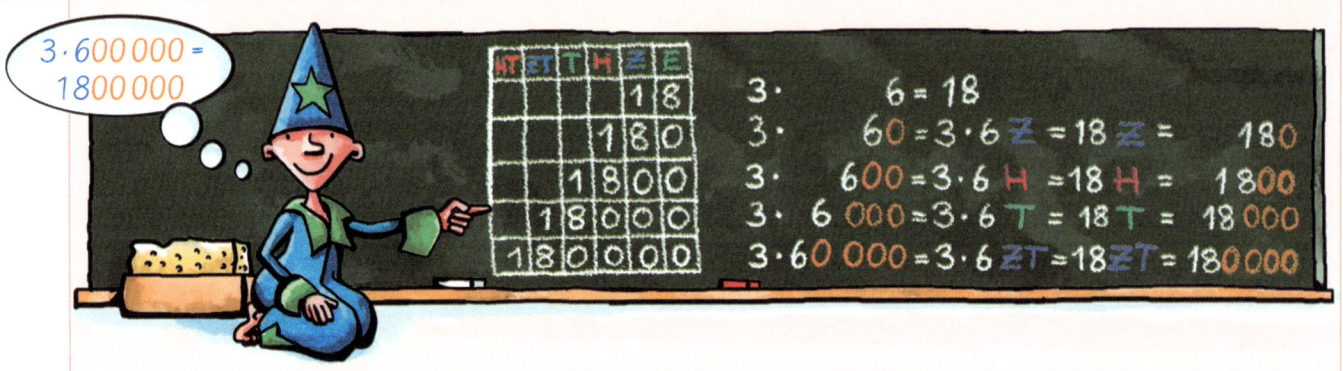

1 Löse die Aufgaben im Kopf. Notiere die Ergebnisse im Heft.

a) 4 · 3H = ☐
4 · 300 = ☐

40 · 3H = ☐
40 · 300 = ☐

400 · 3H = ☐
400 · 300 = ☐

b) 6T · 4 = ☐
6 000 · 4 = ☐

6T · 40 = ☐
6 000 · 40 = ☐

6T · 400 = ☐
6 000 · 400 = ☐

c) 5 · 3ZT = ☐
5 · 30 000 = ☐

50 · 3ZT = ☐
50 · 30 000 = ☐

500 · 3ZT = ☐
500 · 30 000 = ☐

Seite 14 Aufgabe 1
a) 1 2 H, 1 2 0 0
⋮
b) …

2 Löse die Aufgaben.

a) 5 · 9000 = ☐
6 · 6000 = ☐
4 000 · 8 = ☐
7 000 · 9 = ☐

b) 600 · 70 = ☐
30 · 600 = ☐
80 · 500 = ☐
400 · 90 = ☐

c) 3 · 80 000 = ☐
20 000 · 2 = ☐
5 · 70 000 = ☐
80 000 · 6 = ☐

Seite 14 Aufgabe 2
a) …

3 Finde je zwei Aufgaben mit gleichem Ergebnis.

90 · 60 | 90 · 600 | 60 · 9 | 9 · 600
9 · 60 000 | 90 · 6 000 | 90 · 6 | 9 000 · 6

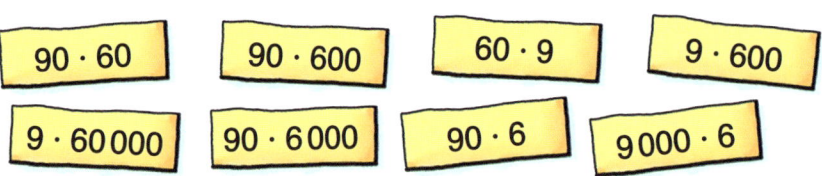

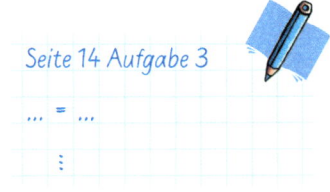

Seite 14 Aufgabe 3
… = …
⋮

4 Finde zu mindestens drei Ergebniszahlen möglichst viele Malaufgaben.

4 500 | 280 000 | 2 100 | 350 000 | 2 700 | 250 000

Seite 14 Aufgabe 4
…

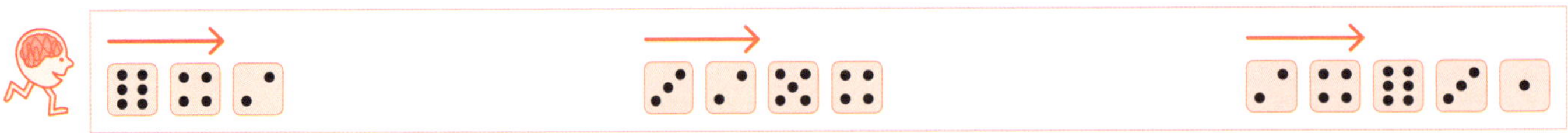

* nutzen planvoll und systematisch die Struktur des Zehnersystems
* übertragen eine Darstellung in eine andere
* übertragen ihre Kenntnisse zu den Zahlensätzen des kleinen Einmaleins in größere Zahlenräume

Das Multiplizieren mehrstelliger Zahlen üben

1 Löse die Analogieaufgaben. Notiere die Ergebnisse.

a) 5 · 7 =
5 · 70 =
5 · 700 =
5 · 7000 =

50 · 7 =
50 · 70 =
50 · 700 =
50 · 7000 =

b) 6 · 4 =
6 · 40 =
6 · 400 =
6 · 4000 =

60 · 4 =
60 · 40 =
60 · 400 =
60 · 4000 =

c) 7 · 6 =
7 · 60 =
7 · 600 =
7 · 6000 =

70 · 6 =
70 · 60 =
70 · 600 =
70 · 6000 =

Seite 15 Aufgabe 1

a)   ..., ..., ...
     ⋮

2 Rechne. Notiere die Ergebnisse.

a) 30 · 50 =
40 · 20 =
70 · 30 =

3 · 5 = 15
3 · 50 = 150
30 · 50 = 1500

Ich rechne immer zuerst die einfache Aufgabe.

Seite 15 Aufgabe 2

a) ...

b) 200 · 40 =
600 · 30 =
500 · 60 =

c) 400 · 40 =
900 · 30 =
300 · 80 =

d) 200 · 50 =
800 · 30 =
700 · 20 =

e) 5000 · 70 =
8000 · 60 =
3000 · 90 =

f) 5000 · 90 =
4000 · 60 =
9000 · 70 =

g) 6000 · 80 =
7000 · 30 =
8000 · 90 =

h) 7 · 300 =
400 · 8 =
60 · 4000 =
70 · 20 =

i) 90 · 40 =
6 · 800 =
70 · 800 =
800 · 700 =

k) 40 · 700 =
90 · 50 =
600 · 400 =
8000 · 50 =

3 Lies alle möglichen Aufgaben ab und löse sie.

a) | 3 | 30 | 300 | 3000 | · | 5 | 50 | 500 | 5000 |

b) | 40 | 700 | 8000 | 30000 | · | 2 | 50 | 600 | 9000 |

c) | 6 | 80 | 900 | 6000 | · | 7 | 40 | 300 | 2000 |

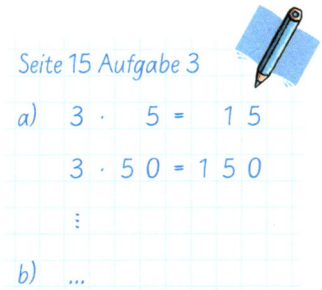

Seite 15 Aufgabe 3

a) 3 · 5 = 1 5
3 · 50 = 1 5 0
⋮

b) ...

* übertragen ihre Kenntnisse zu den Zahlensätzen des kleinen Einmaleins in größere Zahlenräume

15

Stufenzahlen dividieren

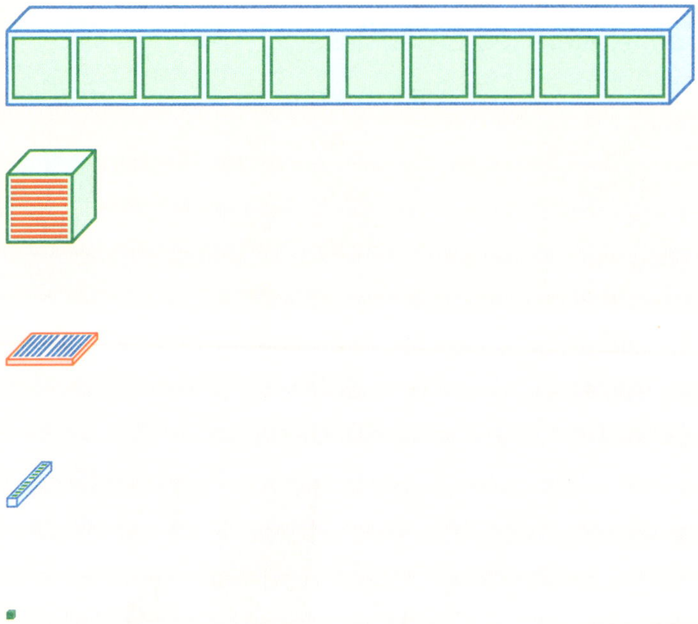

1ZT	1ZT : 10 = 1 000 = 1T
1T	1T : 10 = 100 = 1H
1H	1H : 10 = 10 = 1Z
1Z	1Z : 10 = 1 = 1E
1E	

ZT	T	H	Z	E
1	0	0	0	0
	1	0	0	0
		1	0	0
			1	0
				1

: 10
: 10
: 10
: 10

Beim Dividieren durch 10 rücken alle Ziffern eine Stelle nach rechts.

Manche sagen einfach: Eine Null fällt weg.

```
   100 :   10 =    10
  1000 :   10 =   100
  1000 :  100 =  1000 : 10 : 10           =  10
 10000 :  100 = 10000 : 10 : 10           = 100
 10000 : 1000 = 10000 : 10 : 10 : 10      =  10
```

1 Schreibe die Aufgaben mit Lösung in dein Heft.

a)   1 000 : 10 =
    10 000 : 10 =
   100 000 : 10 =
 1 000 000 : 10 =

b) 10 000 :   10 =
    10 000 :   100 =
    10 000 : 1 000 =
    10 000 : 10 000 =

Seite 16 Aufgabe 1
a) ...

 c) Betrachte, wie sich die Ergebnisse bei a) und b) verändern.
Tausche dich über deine Beobachtungen mit einem anderen Kind aus.

---

* entnehmen Problemstellungen für die Lösung relevante Informationen, geben sie in eigenen Worten wieder
* stellen Vermutungen über mathematische Zusammenhänge an und entwickeln ausgehend von Beispielen allgemeine Überlegungen

→ Ü Seite 33

Das Dividieren durch mehrstellige Zahlen üben

1 Löse die Analogieaufgaben. Notiere die Ergebnisse.

a)
6 : 3 =
60 : 3 =
600 : 3 =
6 000 : 3 =
60 000 : 3 =
60 000 : 30 =

b)
18 : 3 =
180 : 3 =
1 800 : 3 =
18 000 : 3 =
180 000 : 3 =
180 000 : 30 =

c)
24 : 6 =
240 : 6 =
2 400 : 6 =
24 000 : 6 =
240 000 : 6 =
240 000 : 60 =

Seite 17 Aufgabe 1
a) ..., ..., ...

2 Rechne. Notiere die Ergebnisse.

8 : 2 = 4
80 : 2 = 40
800 : 2 = 400
800 : 20 = 40

Ich rechne immer zuerst die einfache Aufgabe.

a)
800 : 20 =
600 : 30 =
900 : 30 =

Seite 17 Aufgabe 2
a) ...

b)
24 000 : 60 =
32 000 : 80 =
27 000 : 90 =

c)
4 800 : 800 =
5 400 : 600 =
4 200 : 700 =

d)
36 000 : 900 =
72 000 : 800 =
81 000 : 900 =

e)
160 000 : 40 =
150 000 : 50 =
240 000 : 60 =

f)
280 000 : 700 =
540 000 : 900 =
120 000 : 300 =

g)
160 000 : 4 000 =
450 000 : 5 000 =
210 000 : 7 000 =

h)
5 400 : 6 =
18 000 : 90 =
48 000 : 800 =
240 000 : 40 =

i)
32 000 : 8 =
350 000 : 700 =
49 000 : 70 =
15 000 : 30 =

k)
7 200 : 800 =
2 400 : 40 =
560 000 : 800 =
12 000 : 4 =

3 Lies alle möglichen Aufgaben ab und löse sie.

a) | 1 200 | 120 000 | 12 000 | 1 200 000 | : | 3 | 30 | 300 | 400 |

b) | 4 800 | 48 000 | 480 000 | 360 000 | : | 12 | 120 | 40 | 60 |

c) | 24 000 | 120 000 | 240 000 | 12 000 | : | 30 | 600 | 4 000 | 120 |

Seite 17 Aufgabe 3
a) 1 2 0 0 : 3 = 4 0 0
   ⋮
b) ...

Mehrstellige Zahlen halbschriftlich multiplizieren und dividieren

1 Zerlege die Multiplikationsaufgaben in Teilaufgaben und bestimme die Ergebnisse. Kontrolliere mit der Überschlagsrechnung.

a) 4282 · 5 = ▢   b) 1618 · 7 = ▢   c) 2468 · 4 = ▢
   1250 · 8 = ▢   5400 · 50 = ▢   3060 · 90 = ▢

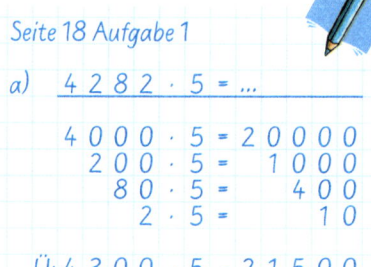

2 Bestimme die Aufgabe und die Lösungen, die jeweils zu den Teilaufgaben gehören. Kontrolliere mit der Überschlagsrechnung.

a) ▢ · ▢ = ▢   b) ▢ · ▢ = ▢   c) ▢ · ▢ = ▢
   1000 · 3 = ▢   4000 · 2 = ▢   3 · 4000 = ▢
   200 · 3 = ▢   300 · 2 = ▢   3 · 100 = ▢
   30 · 3 = ▢   20 · 2 = ▢   3 · 20 = ▢
   1 · 3 = ▢   8 · 2 = ▢   3 · 1 = ▢

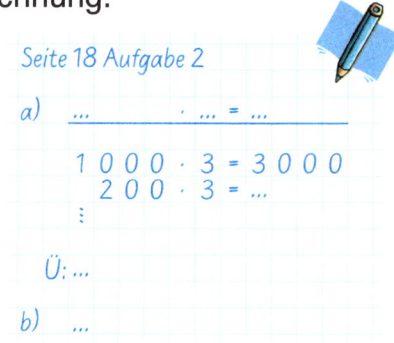

3 Zerlege die Divisionsaufgaben in Teilaufgaben und bestimme die Ergebnisse. Kontrolliere mit der Überschlagsrechnung.

a) 8452 : 4 = ▢   b) 7497 : 7 = ▢
   4868 : 4 = ▢   9645 : 3 = ▢

c) 6324 : 6 = ▢   d) 2170 : 7 = ▢
   10230 : 5 = ▢   9369 : 3 = ▢

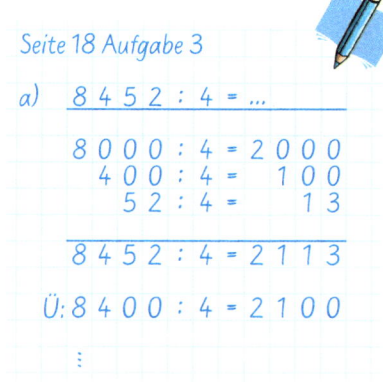

4 Bestimme die Aufgabe und die Lösungen. Kontrolliere mit der Überschlagsrechnung.

a) ▢ : ▢ = ▢   b) ▢ : ▢ = ▢   c) ▢ : ▢ = ▢
   6000 : 6 = ▢   45000 : 5 = ▢   4000 : 40 = ▢
   420 : 6 = ▢   300 : 5 = ▢   800 : 40 = ▢
   6 : 6 = ▢   25 : 5 = ▢   160 : 40 = ▢

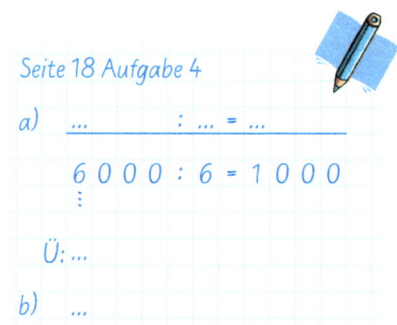

* lösen halbschriftlich Multiplikations- und Divisionsaufgaben
* prüfen Ergebnisse durch Überschlagsrechnung

→ AH Seite 32

Multiplikation und Division bei Sachaufgaben anwenden

1 Überprüfe folgende Aussagen.

a) 77 364 ist ein Vielfaches von 7.

b) 3 ist Teiler von 14 275.

c) 6 384 ist ein gemeinsames Vielfaches von 3 und 4.

d) Eine Stunde hat 3 600 Sekunden.

Seite 19 Aufgabe 1
a) richtig   b) ...

2 Schreibe zu jeder Rechengeschichte eine Frage und dann die dazu passende Rechnung und Antwort auf.

a) Vier Freunde haben zusammen 28 520 € gewonnen.

b) In den Sommerferien fuhr die Fähre dreimal am Tag hin und zurück und war jedes Mal mit 231 Personen voll besetzt.

c) Die Hälfte der 18 616 Zuschauer beim Tennisturnier waren Jugendliche.

Seite 19 Aufgabe 2

a) Wie viel Geld bekommt jeder?

   2 8 5 2 0 € : 4 = ...

   Jeder bekommt ...

b) ...

3 Finde heraus, welche Rechengeschichte zur Aufgabe 324 · 6 + 20 passt.

Seite 19 Aufgabe 3

...

Beim Konzert sind 324 Plätze besetzt, 20 Zuschauer stehen und 6 Personen konnten keine Karten mehr bekommen.

An sechs Abenden saßen 324 Personen in 20 Reihen.

An sechs Abenden wurden jeweils 324 Karten verkauft. 20 Freikarten wurden verschenkt.

Am ersten Abend besuchten 324 Personen die Vorstellung, am zweiten 6 mehr und am dritten Abend 20 weniger.

4 Berechne die Ergebnisse und schreibe zu beiden Aufgaben jeweils eine passende Rechengeschichte. Lass deine Rechengeschichten zur Kontrolle von einem anderen Kind lösen.

a) 2 580 : 6 = ▢   b) 768 · 4 = ▢

Seite 19 Aufgabe 4

a) ...

5 In einem Regal stehen Filme auf DVD. Im 1. Fach sind halb so viele DVDs wie in den beiden anderen Fächern zusammen. Im 2. Fach stehen dreimal so viele DVDs wie im 3. Fach. Insgesamt stehen 72 DVDs in den 3 Regalfächern. Berechne, wie viele DVDs in jedem Fach stehen. Besprich deinen Lösungsweg mit einem anderen Kind. Schreibe deinen Rechenweg auf.

* entnehmen relevante Informationen aus verschiedenen Quellen und formulieren dazu mathematische Fragestellungen
* erkennen mathematische Zusammenhänge und nutzen diese, um zu einer Lösung zu gelangen
* formulieren zu vorgegebenen Rechenaufgaben passende Rechengeschichten

Die Begriffe „rechter Winkel" und „senkrecht" kennenlernen

1 Stelle einen Faltwinkel her.

a) Reiße ein Stück Papier aus.

b) Falte das Papier.

c) Zeichne die Faltlinie auf beiden Seiten rot nach. Benutze dein Lineal.

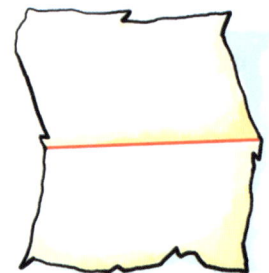

d) Falte das Papier wieder.

e) Falte nochmals so, dass die roten Faltlinien genau aufeinanderliegen.

f) Zeichne die zweite Faltlinie blau nach. Benutze dein Lineal.

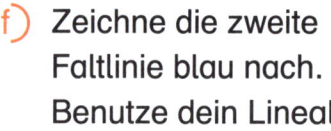

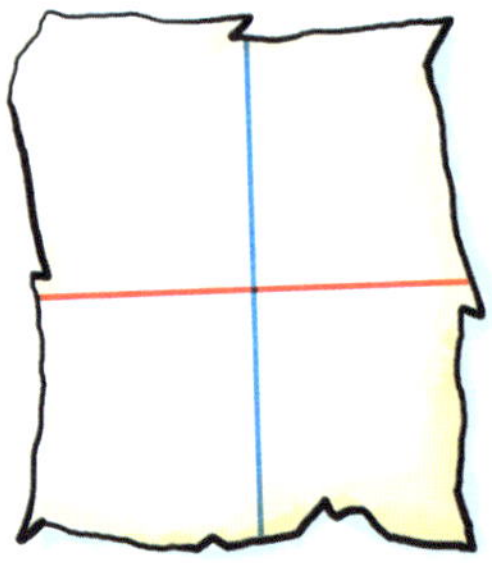

Der Faltwinkel ist ein rechter Winkel.

Die rote und die blaue Faltlinie stehen senkrecht zueinander.

Rechte Winkel kennzeichnet man so: ∟

Der Faltwinkel ist ein rechter Winkel.

2 Suche mit deinem Faltwinkel in deiner Umgebung rechte Winkel. Schreibe auf, wo du rechte Winkel gefunden hast.

Seite 20 Aufgabe 2

Tischecke, ...

* entnehmen Darstellungen in Textform und Bildern relevante Informationen und übertragen sie in eigene Handlungen
* verwenden zutreffend die Fachbegriffe rechter Winkel und senkrecht zueinander

Das Geodreieck kennenlernen

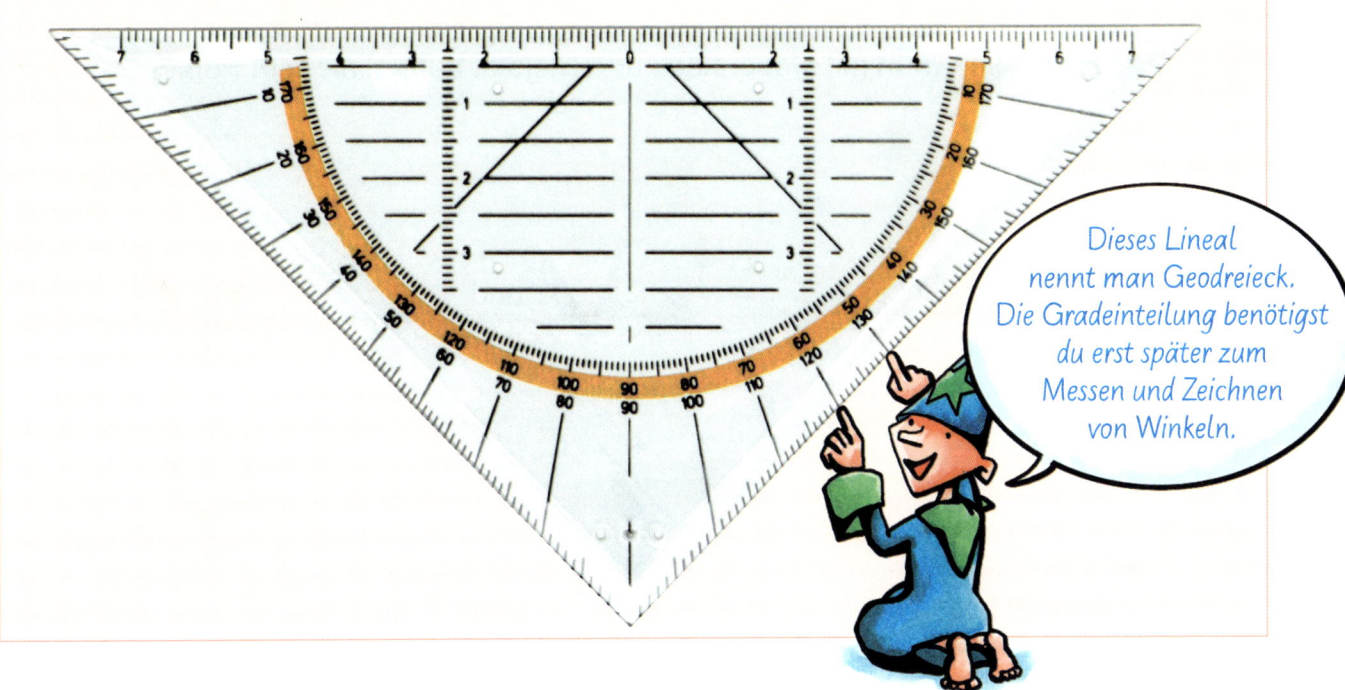

Dieses Lineal nennt man Geodreieck. Die Gradeinteilung benötigst du erst später zum Messen und Zeichnen von Winkeln.

 1 Betrachte das Geodreieck genau.
Besprich deine Antworten mit einem anderen Kind.

a) Weshalb ist das Geodreieck auch ein Lineal?

b) Weshalb ist das Geodreieck ein besonderes Lineal?

c) An welchen Stellen hat das Geodreieck cm-Einteilungen, wo mm-Einteilungen?

d) Wo findest du am Geodreieck rechte Winkel?

e) Welche Linien stehen senkrecht zueinander?

f) Welche Längen kannst du mit deinem Geodreieck höchstens messen?

 2 Lege gemeinsam mit anderen Kindern mehrere Geodreiecke zu unterschiedlichen Figuren zusammen.

a) Beschreibt die Figuren.

b) Zeigt euch gegenseitig die rechten Winkel.

c) Zeigt euch Linien, die senkrecht zueinander stehen.

d) Zeichnet Skizzen der gelegten Figuren, ohne ein Lineal oder Geodreieck zu verwenden, und kennzeichnet die rechten Winkel.

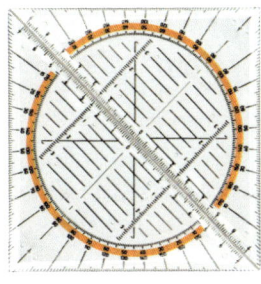
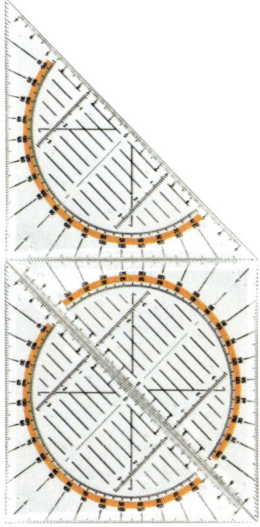

* nutzen mathematische Fachbegriffe richtig
* untersuchen und vergleichen geometrische Flächenformen

Rechte Winkel und zueinander senkrechte Strecken zeichnen

1 Zeichne auf zwei Arten mit Geodreieck und Bleistift auf unliniertem Papier …

a) … einen rechten Winkel.

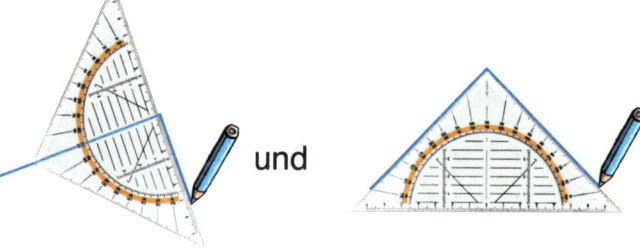

b) … zwei zueinander senkrechte Linien.

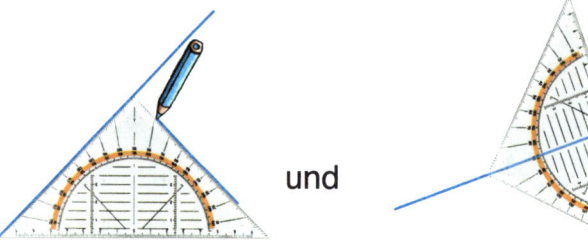

Welche Methode ist jeweils genauer?
Begründe und besprich deine Erfahrungen mit anderen Kindern.

2 Zeichne die Rechtecke so, dass du den rechten Winkel und die richtige Seitenlänge jeweils auf einmal zeichnen kannst. Betrachte zuerst die Arbeitsschritte.

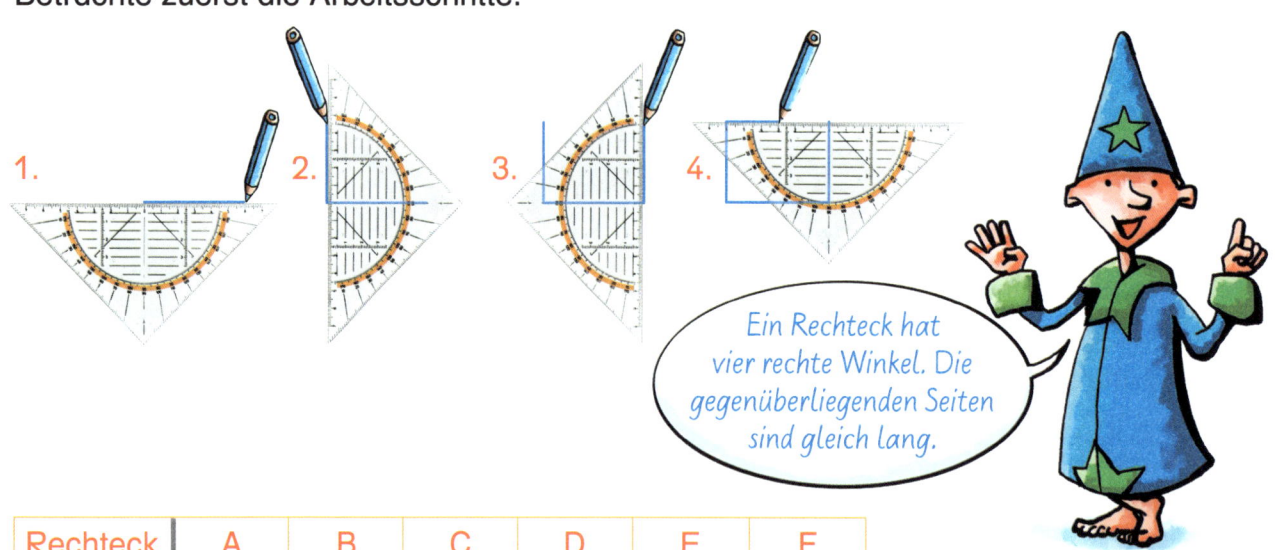

Ein Rechteck hat vier rechte Winkel. Die gegenüberliegenden Seiten sind gleich lang.

Rechteck	A	B	C	D	E	F
Länge	6 cm	7 cm	10 cm	56 mm	47 mm	5,4 cm
Breite	4 cm	5 cm	7 cm	28 mm	39 mm	5,4 cm

 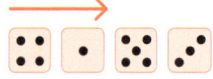 

* zeichnen Strecken und Flächenformen mit dem Geodreieck und berücksichtigen dabei die Eigenschaften der Flächenformen
* verwenden zutreffend die Begriffe rechter Winkel und senkrecht zueinander

→ AH Seiten 33 und 34

Mit dem Geodreieck Zeichnungen überprüfen

1 Prüfe mit dem Geodreieck, welche Linien einen rechten Winkel bilden.

Seite 23 Aufgabe 1
...

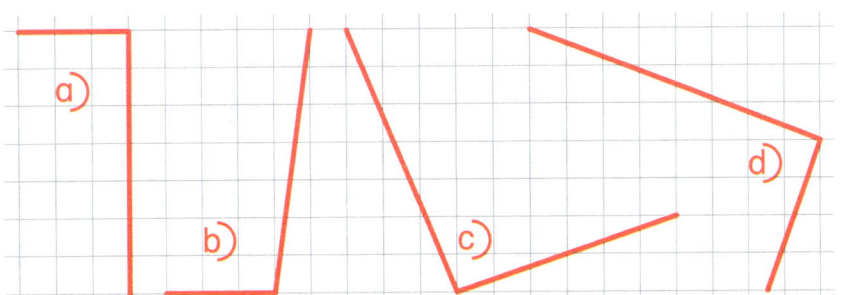

2 Vermute zuerst, welche Vierecke Quadrate sind. Überprüfe dann mit dem Geodreieck.

Ein Quadrat hat vier rechte Winkel. Alle Seiten sind gleich lang.

Seite 23 Aufgabe 2
a) ...

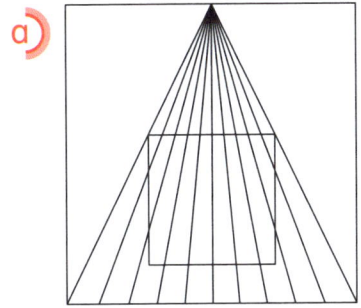
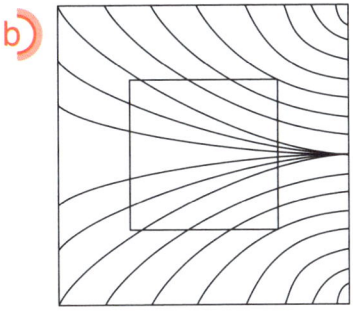
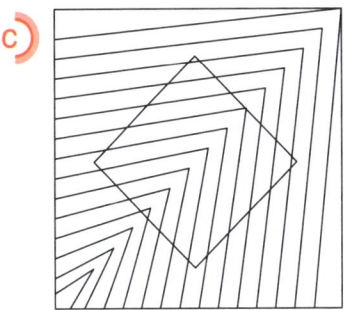
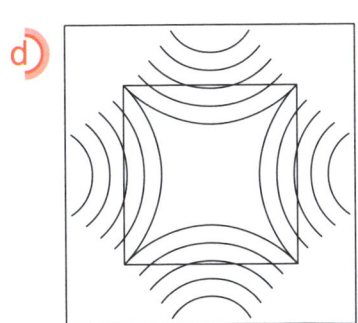
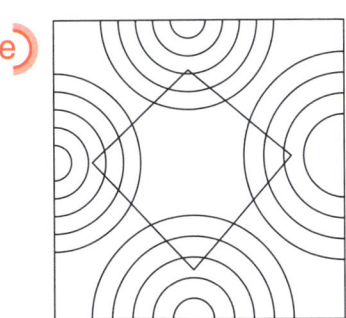
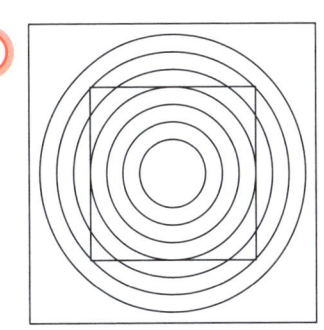

3 Erfinde selbst optische Täuschungen wie in Aufgabe **2**.
Zeichne sie auf ein Blatt Papier.
Stelle sie einem Partnerkind vor.

★ verwenden zutreffend den Begriff rechter Winkel bei der Beschreibung von Flächenformen
★ wenden ihre Kenntnisse über Eigenschaften von Flächenformen an

Zueinander parallele Linien entdecken

1 Stelle parallele Linien durch Falten her.

a) Benutze deinen Faltwinkel.

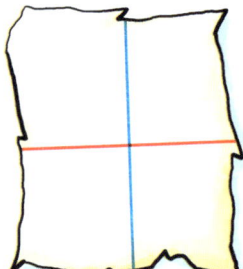

b) Falte wieder an der roten Linie.
Die beiden blauen Linien liegen aufeinander.

c) Falte die rote Linie so nach oben, dass die blauen Linien wieder aufeinanderliegen.

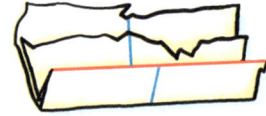

d) Falte das Papier auseinander und zeichne die neuen Faltlinien rot nach. Benutze dein Lineal.

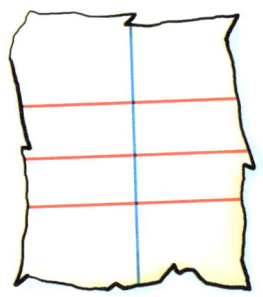

Die roten Linien haben überall den gleichen Abstand voneinander, sie sind parallel zueinander.

parallele Linien

2

Zeichne oder schreibe weitere Beispiele auf, wo du in deiner Umgebung parallele Linien findest.
Stelle deine Ergebnisse auf einem Plakat dar.

Seite 24 Aufgabe 2

★ entnehmen Darstellungen in Textform und Bildern relevante Informationen und übertragen sie in eigene Handlungen
★ finden in Alltagssituationen Beispiele für parallel verlaufende Linien und stellen sie dar

Zueinander parallele Linien zeichnen

1 Zeichne parallele Linien auf unterschiedliche Arten.
Verwende unliniertes Papier und einen spitzen Bleistift.

a) Markiere an zwei Stellen Punkte mit dem gleichen Abstand zur ersten Linie.
Verbinde die beiden Punkte.

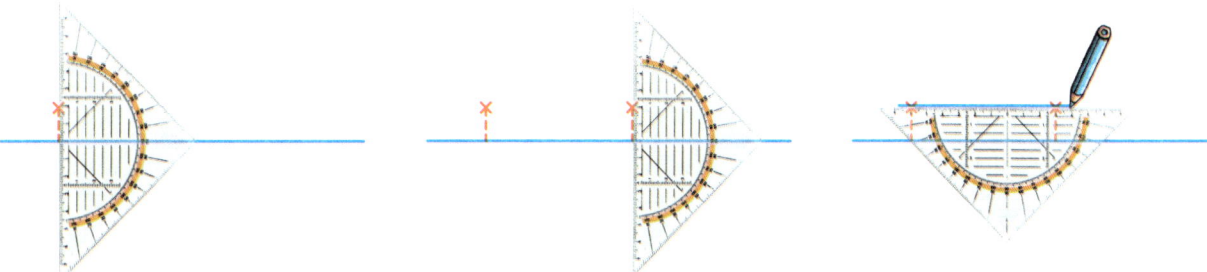

b) Verwende die parallelen Linien am Geodreieck.

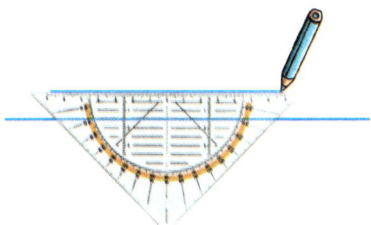

c) Verwende eine rechtwinklige Hilfslinie.

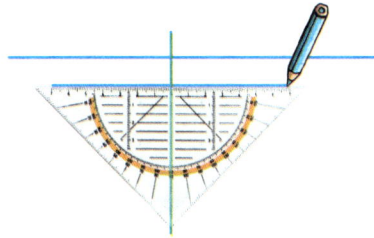

d) Verschiebe das Geodreieck am Lineal entlang.

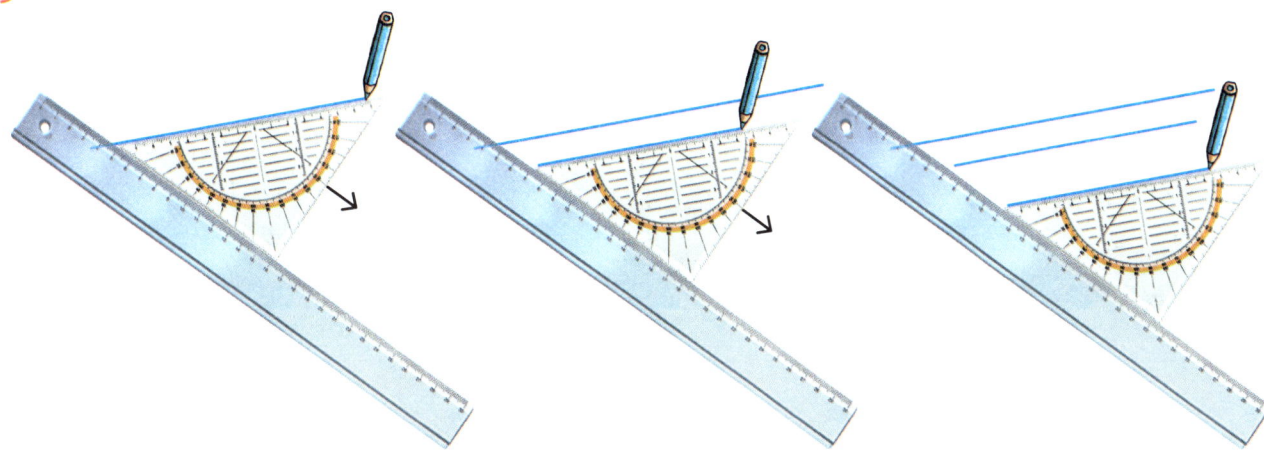

2 Welche Möglichkeit findest du am besten? Welche ist am genauesten?
Tausche deine Überlegungen und Erfahrungen mit einem anderen Kind aus.

★ zeichnen auf unterschiedliche Art parallel zueinander verlaufende Linien
★ vergleichen und bewerten unterschiedliche Vorgehensweisen

Zueinander parallele Linien finden

1 Überprüfe jeweils mit dem Geodreieck, ob die blaue Linie parallel zur roten Linie ist.

a) 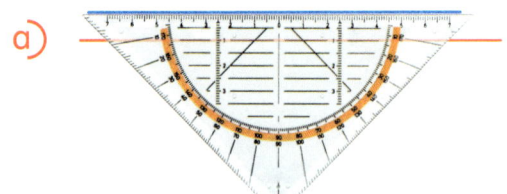   b)

c) 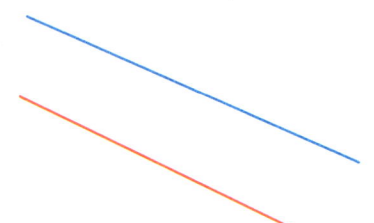   d)

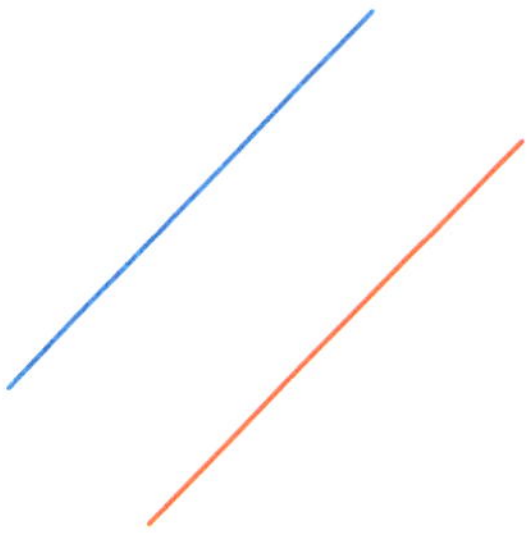

2 Schreibe auf, welche Linien parallel zur roten Linie sind.

a) 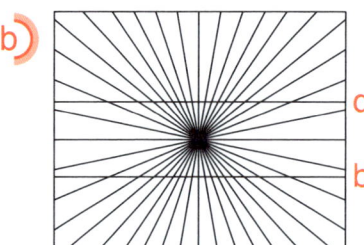   b)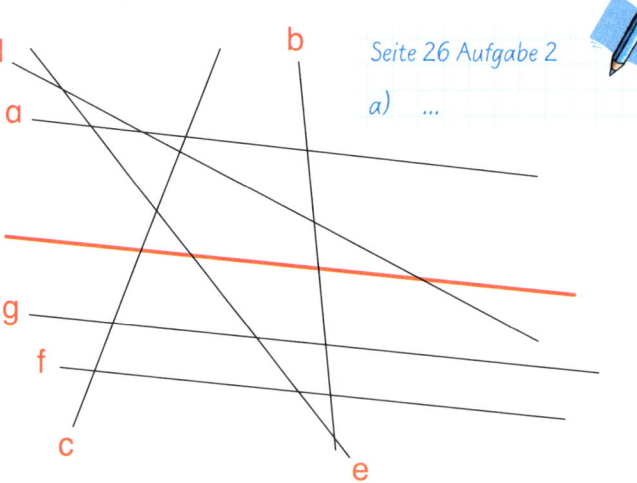

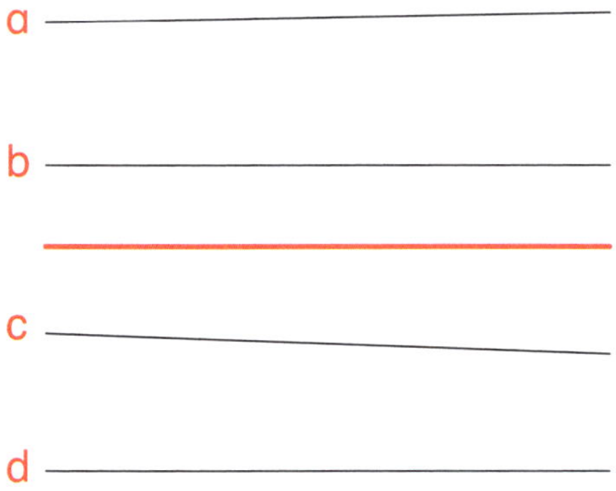

3 Vermute zuerst, ob die Linien a und b zueinander parallel sind. Überprüfe dann mit dem Geodreieck.

a) 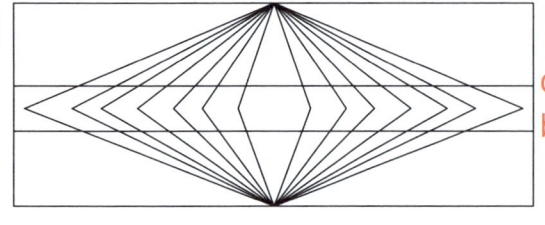   b)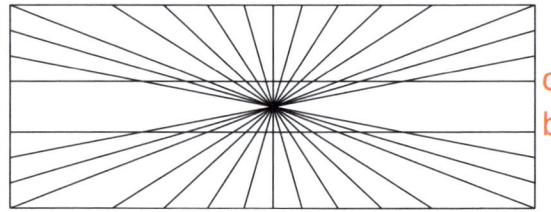

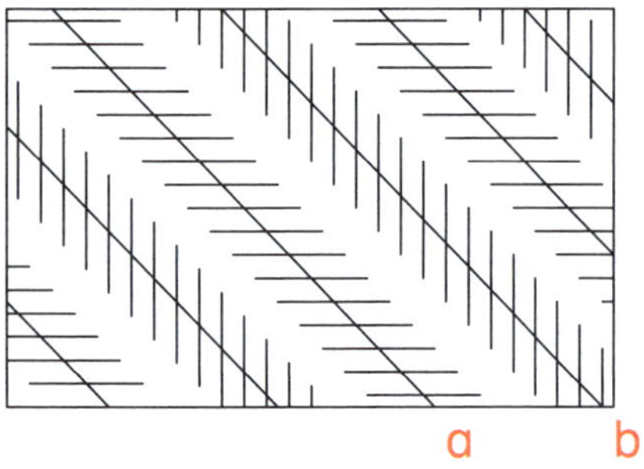

c)   d)

*untersuchen vorgegebene Geraden und Figuren auf die Eigenschaft „parallel zueinander"

Mehrere zueinander parallele Linien zeichnen

1 Zeichne Muster mit parallelen Linien auf unliniertes Papier.
Benutze ein Geodreieck und einen spitzen Bleistift.

a) Muster mit schräg verlaufenden parallelen Linien

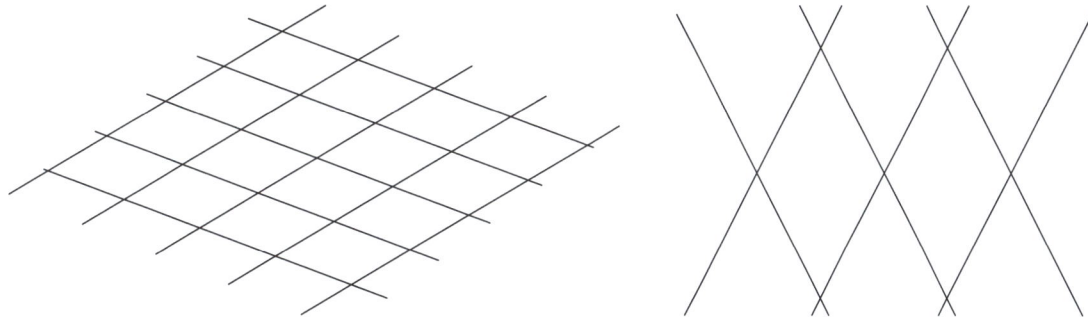

b) Muster mit zueinander senkrecht stehenden parallelen Linien

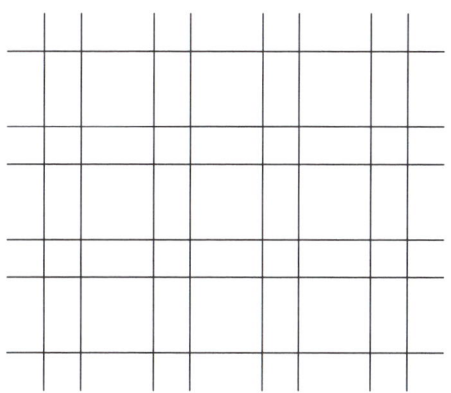

2 Zeichne auf unliniertes Papier mehrere parallele Linien …

a) … mit dem Abstand 1 cm.

b) … mit dem Abstand 25 mm.

c) … mit dem Abstand 3,5 cm.

Ich verwende den Abstand der parallelen Linien auf dem Geodreieck.

3 Zeichne zwei parallele Linien mit dem Abstand 5 cm.
Finde verschiedene Lösungswege.

Du kannst auch so vorgehen: Zeichne senkrecht zur ersten Linie eine 5 cm lange Hilfslinie. Zeichne am Ende der Hilfslinie wieder eine Linie im rechten Winkel.

Mit Parallelen Bilder gestalten

1 Georges Vantongerloo hat in seinem Bild Rechtecke gezeichnet. Du kannst senkrecht und parallel zueinander verlaufende Linien entdecken.

Georges Vantongerloo: Komposition

 a) Besprich mit einem Partnerkind, welche Linien im Bild parallel und welche senkrecht zueinander verlaufen.

b) Gestalte selbst ein solches Bild.

2 Übertrage die Muster auf ein unliniertes Blatt. Benutze beim Zeichnen dein Geodreieck. Male die Muster farbig aus.

a) 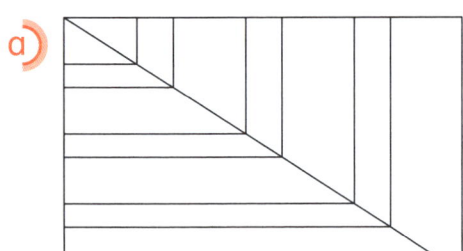   b)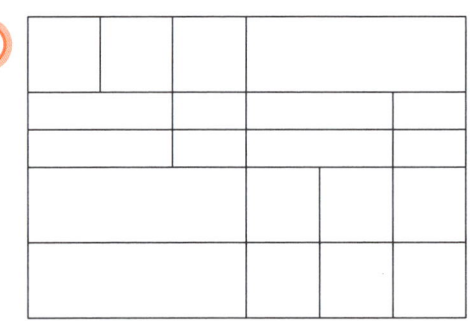

 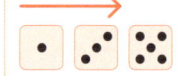      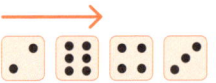

* untersuchen und beschreiben unter Verwendung von Fachbegriffen Vorlagen aus der Kunst
* übertragen und gestalten Muster und nutzen dabei das Geodreieck

Strukturen von Fachwerkbauten erkennen und zeichnen

1 Beantworte die Fragen gemeinsam mit einem anderen Kind.

a) Welche Balken im Fachwerk dieser Häuser sind parallel zueinander? Zeigt euch gegenseitig solche Balken.

b) Welche Aufgabe haben die Balken, die senkrecht von unten nach oben laufen? Sprecht über eure Vermutungen.

c) Einige Balken sind schräg eingebaut. Warum? Sprecht über eure Vermutungen.

d) Wie viele Stockwerke haben die Häuser? Woran könnt ihr das erkennen?

e) Wie stehen die Balken zueinander, wenn es rechte Winkel gibt?

2 Zeichne selbst Fachwerkhäuser.

a) Zeichne mit dem Geodreieck einen Ausschnitt aus einem der Fachwerkhäuser oben.

b) Zeichne ein eigenes Fachwerkhaus. Wenn du möchtest, kannst du es anschließend mit dem Geodreieck genau zeichnen.

* wenden ihre mathematischen Kenntnisse, Fähigkeiten und Fertigkeiten bei der Bearbeitung herausfordernder und unbekannter Aufgaben an
* stellen zwischen zwei- und dreidimensionalen Darstellungen von räumlichen Gebilden Beziehungen her

Mit dem Geodreieck die Symmetrieachse finden

1 Lege dein Geodreieck so wie in der Abbildung auf die Symmetrieachse. Besprich mit einem anderen Kind, was dir auffällt, wenn du die Eckpunkte der beiden Figuren betrachtest.

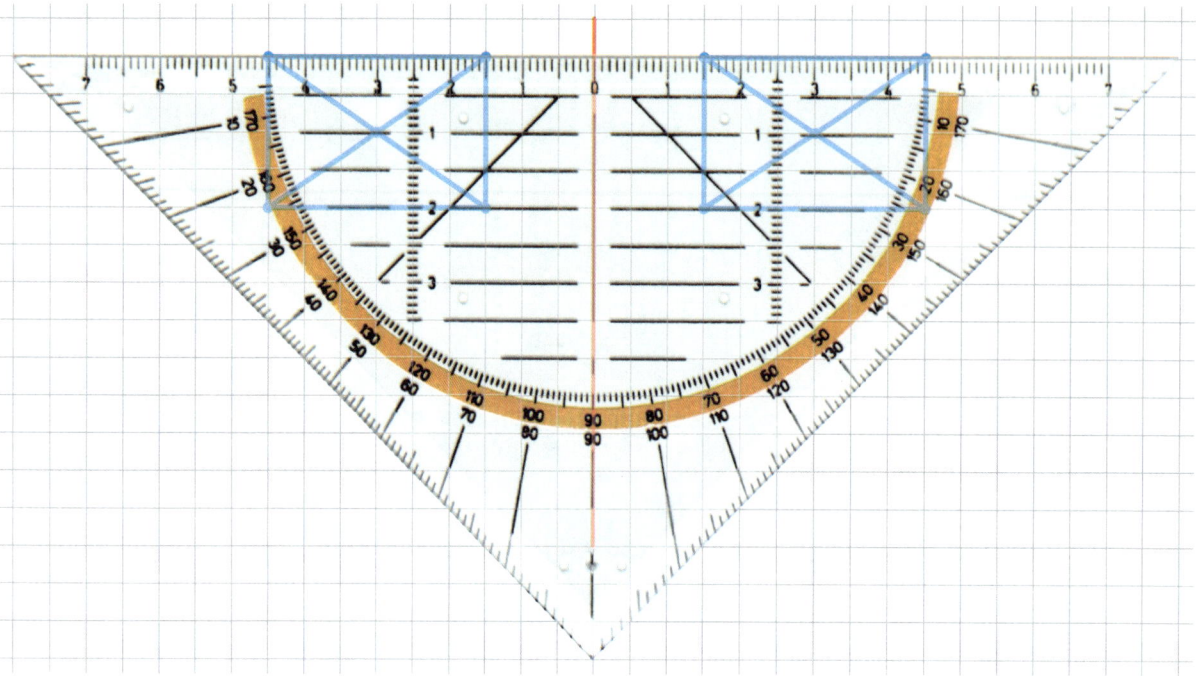

2 Zeichne die Figuren in dein Heft. Beginne mit den Eckpunkten. Bestimme dann mit dem Geodreieck, wo die Symmetrieachse zwischen den Figuren verläuft.

a)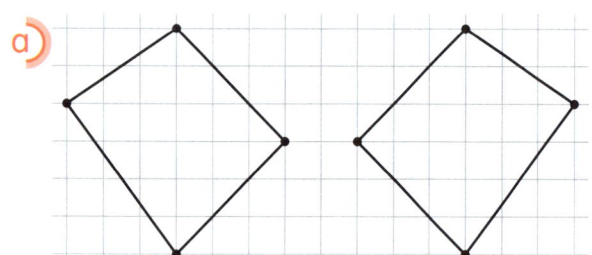

Seite 30 Aufgabe 2
a) ...

b)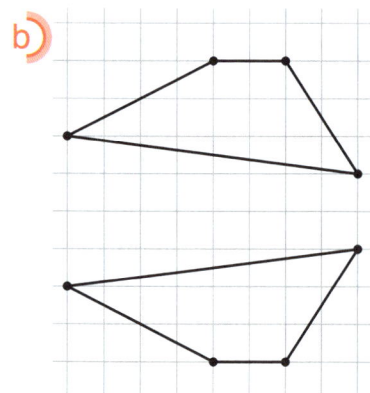

c)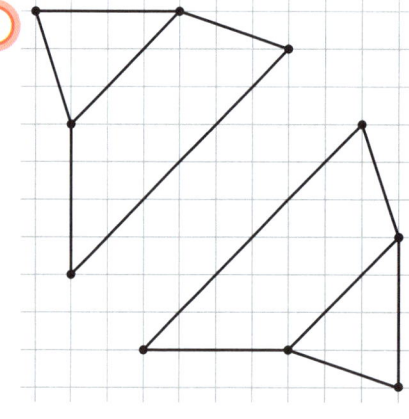

→ AH Seite 37

* zeichnen mithilfe des Geodreiecks Symmetrieachsen ein

Mit dem Geodreieck die Spiegelfigur zeichnen

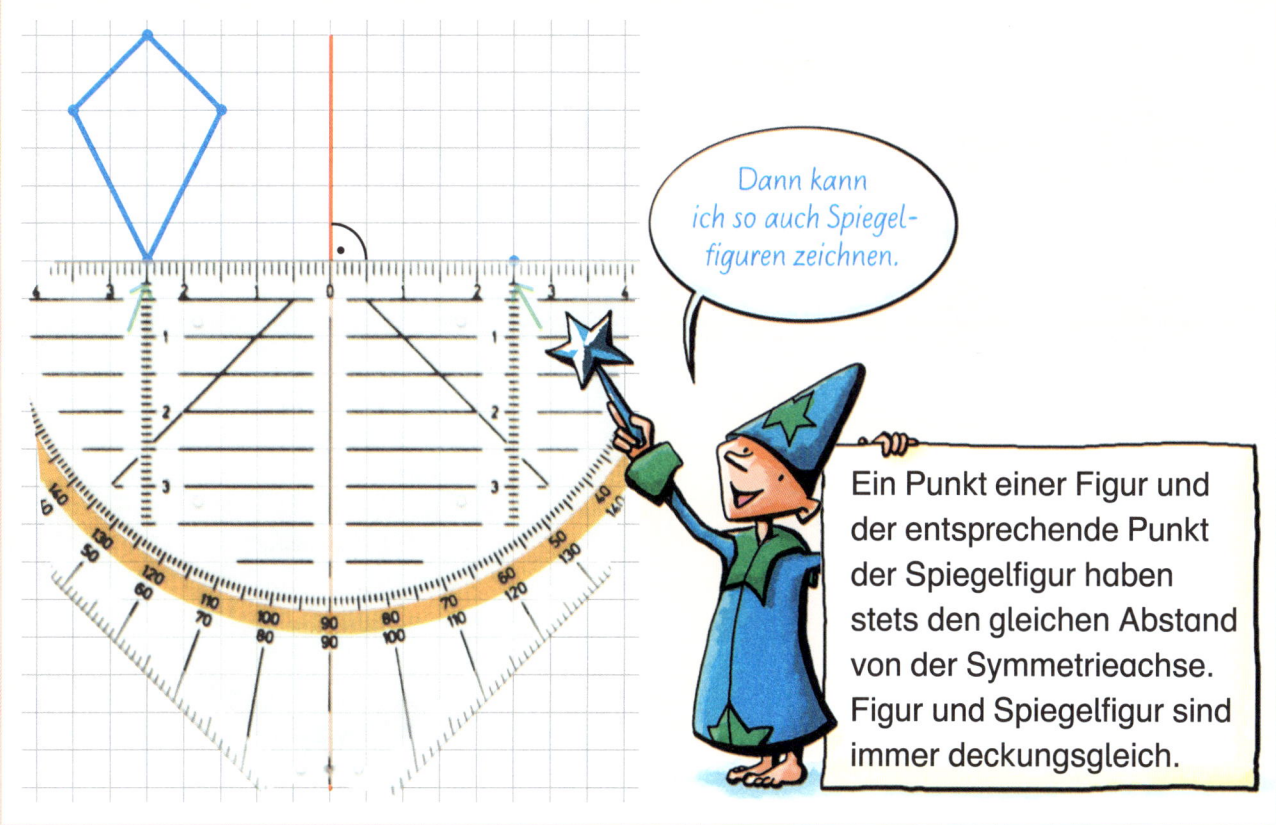

Dann kann ich so auch Spiegelfiguren zeichnen.

Ein Punkt einer Figur und der entsprechende Punkt der Spiegelfigur haben stets den gleichen Abstand von der Symmetrieachse. Figur und Spiegelfigur sind immer deckungsgleich.

1 Übertrage die Figuren in dein Heft und zeichne die Spiegelfiguren mithilfe des Geodreiecks.

Seite 31 Aufgabe 1
a) ...

a)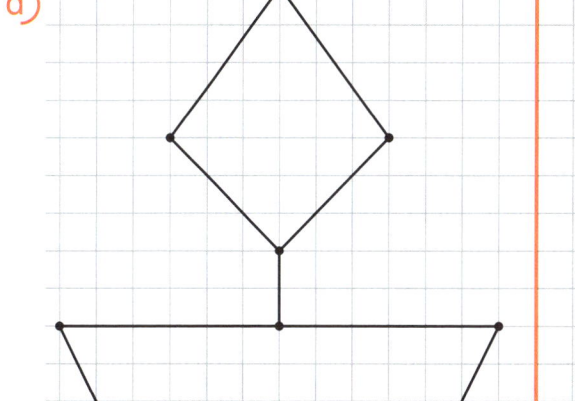

b)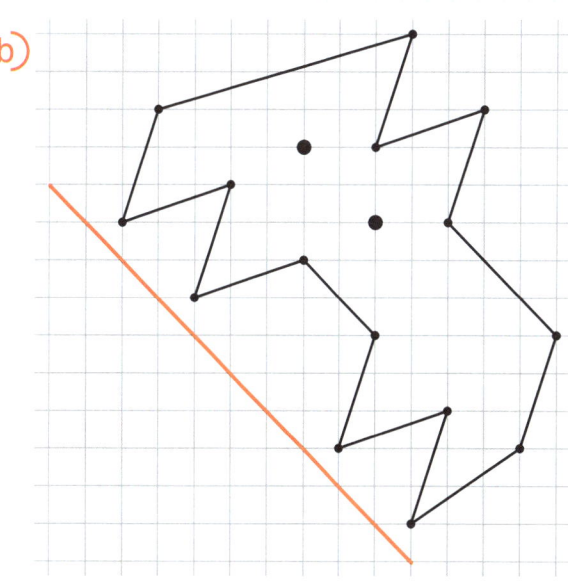

2 Zeichne auf unliniertem Papier auf die gleiche Art eine Figur und ihr Spiegelbild. Erkläre einem anderen Kind, warum die Figuren deckungsgleich sind.

3 Schreibe in deinem Lerntagebuch auf, wozu du das Geodreieck nutzen kannst. Zeichne Beispiele dazu.

→ Ü Seite 36

★ erzeugen Figuren und deren Spiegelbilder und beschreiben ihre Vorgehensweise
★ beschreiben Merkmale von Spiegelfiguren mit den Fachbegriffen Symmetrieachse und deckungsgleich

An zwei Achsen nacheinander spiegeln

1 Übertrage jeweils die Figur und die beiden Symmetrieachsen in dein Heft. Spiegle zuerst an der roten Achse. Spiegle dann die Spiegelfigur an der blauen Achse. Beschreibe deine Vorgehensweise einem anderen Kind.

a)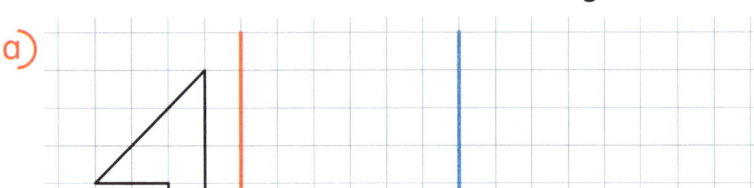

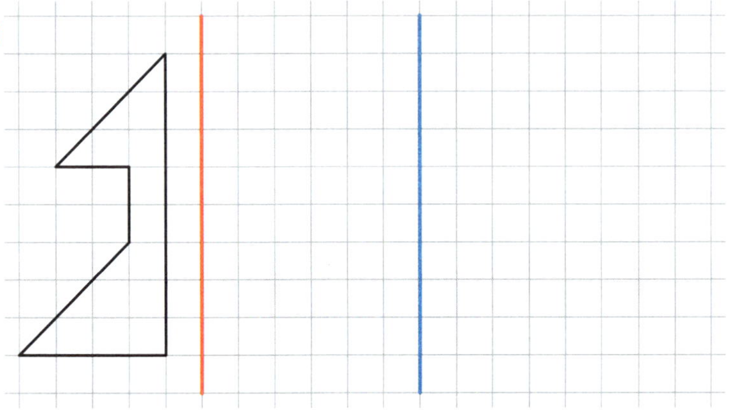

b)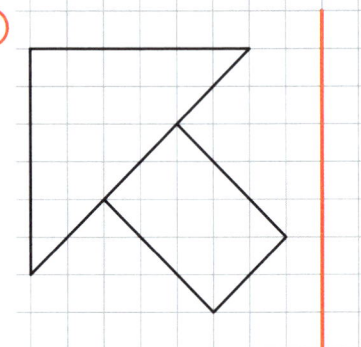

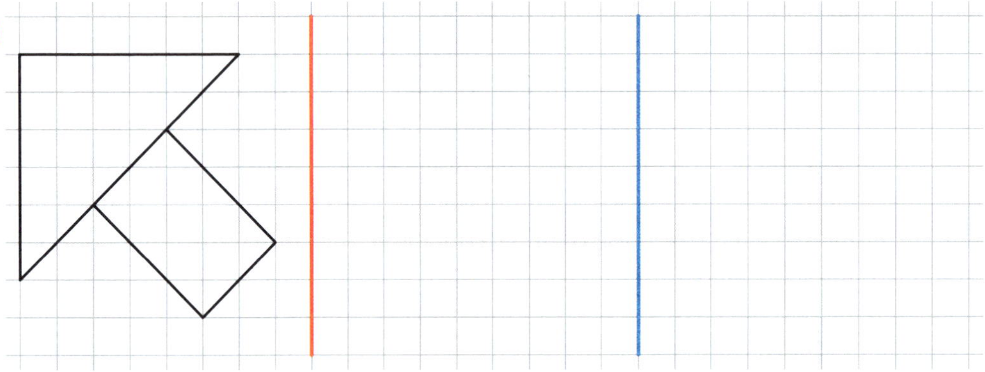

c) 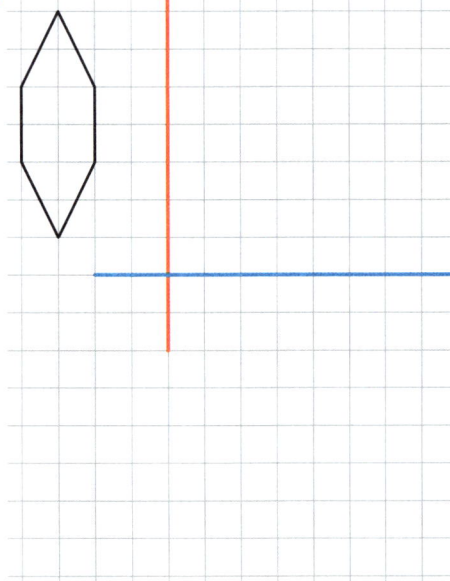 d)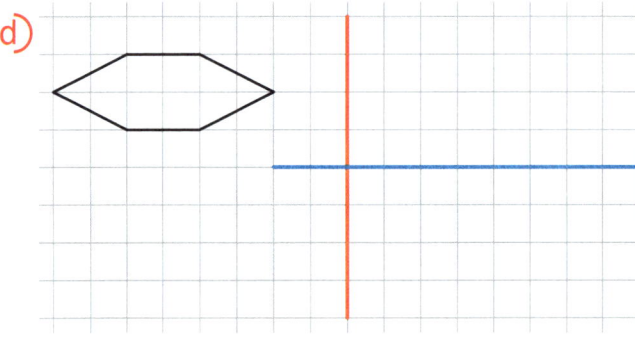

e) Erfinde selbst eine Figur, die du an zwei Achsen nacheinander spiegelst.

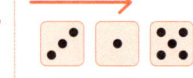 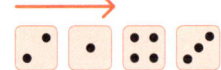 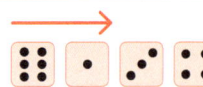

* beschreiben die Beziehung zwischen einer Figur und deren Spiegelbild
* erzeugen (achsensymmetrische) Figuren und deren Spiegelbilder und beschreiben ihre Vorgehensweise

→ AH Seite 38

An mehreren Achsen nacheinander spiegeln

1 Übertrage jeweils die Figur und die vier Symmetrieachsen in dein Heft.
Spiegle die Figur zuerst an der roten Achse.
Spiegle dann die Spiegelfigur an der grünen Achse.
Fahre so fort und spiegle auch an der blauen und orangefarbenen Achse.

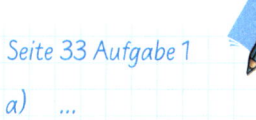

a) ...

a)

b)

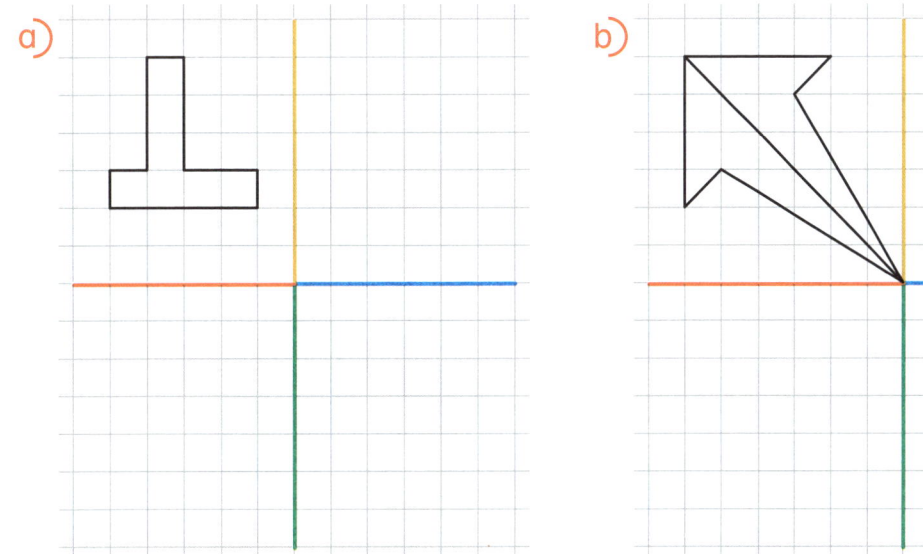

Statt zu spiegeln, kann ich die Figur auch um den Drehpunkt drehen. Dann entsteht zum Schluss das gleiche Bild.

★ erzeugen komplexere symmetrische Figuren durch nacheinander ausgeführte Spiegelungen an senkrecht aufeinanderstehenden Symmetrieachsen, nutzen dabei die Eigenschaften der Achsensymmetrie
★ erkennen den Zusammenhang zwischen Achsen- und Drehsymmetrie

Drehsymmetrische Figuren erzeugen

1 Schneide aus Pappe ein rechtwinkliges Dreieck aus. Drehe es um den Drehpunkt. Zeichne mit ihm rechtwinklige Dreiecke wie auf den Bildern zu sehen.

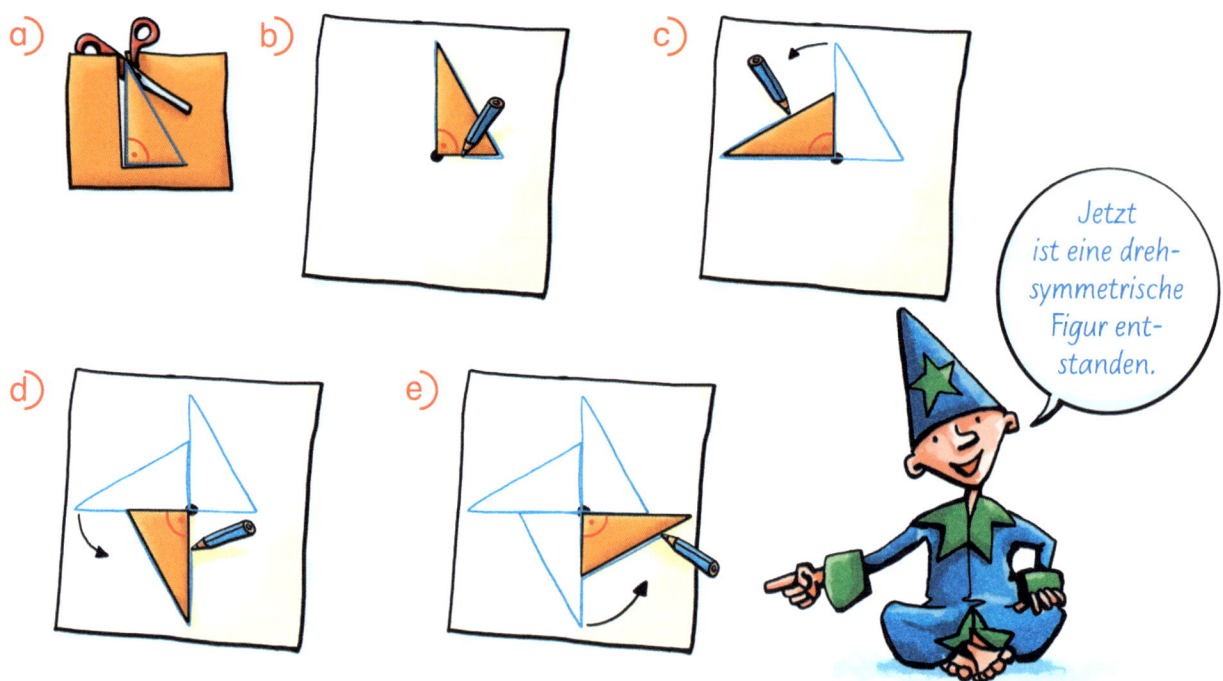

Jetzt ist eine drehsymmetrische Figur entstanden.

2 Übertrage mindestens zwei der Figuren auf kariertes Papier, klebe sie auf dünnen Karton und schneide sie aus. Zeichne nun auf unliniertem Papier drehsymmetrische Figuren wie in Aufgabe **1**, indem du die Figuren schrittweise um den Drehpunkt drehst.

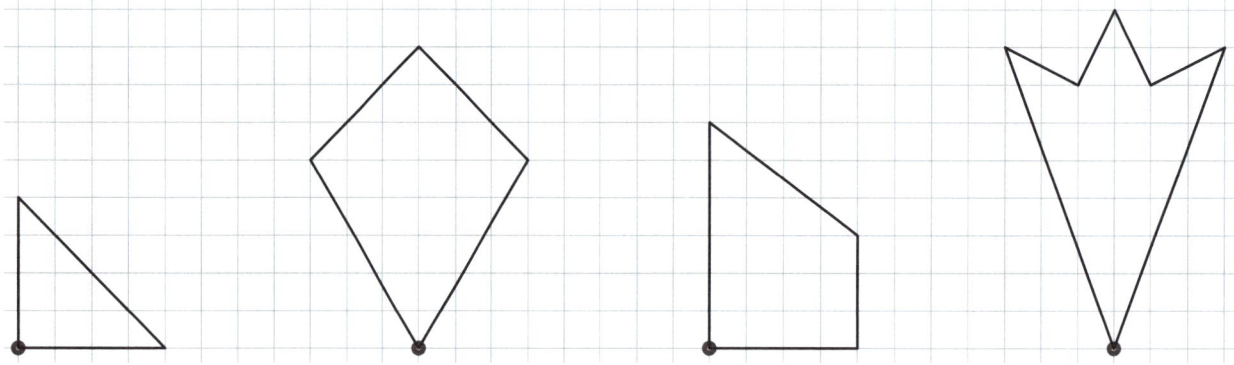

3 Zeichne dieses rechtwinklige Dreieck auf Karton und schneide es aus. Verwende das ausgeschnittene Dreieck als Schablone und zeichne solche Windräder.

34
* entnehmen bildlichen Darstellungen relevante Informationen und übertragen sie in eigene Handlungen
* übertragen erprobte Vorgehensweisen auf ähnliche komplexere Sachverhalte

Drehsymmetrische Figuren untersuchen

Drehsymmetrische Figuren haben einen Drehpunkt. Beim Drehen um diesen Punkt passt die Figur immer wieder genau auf die Ausgangsfigur.

 1 Betrachte die folgenden drehsymmetrischen Figuren und überlege, wo der Drehpunkt ist. Besprich deine Ergebnisse mit anderen Kindern.

2 Suche weitere Beispiele für drehsymmetrische Figuren in deiner Umwelt. Zeichne oder fotografiere sie. Stelle mit ihnen ein Poster her.

3 Untersuche auch Zahlen und Buchstaben. Schreibe die drehsymmetrischen auf.

Seite 35 Aufgabe 3

★ betrachten Darstellungen der Umwelt gemeinsam mit anderen Kindern und untersuchen sie hinsichtlich der Eigenschaften der Drehsymmetrie
★ bestimmen den Drehpunkt und ziehen Eigenschaften der Drehsymmetrie zur Beschreibung heran

Drehsymmetrische Figuren erkennen und zeichnen

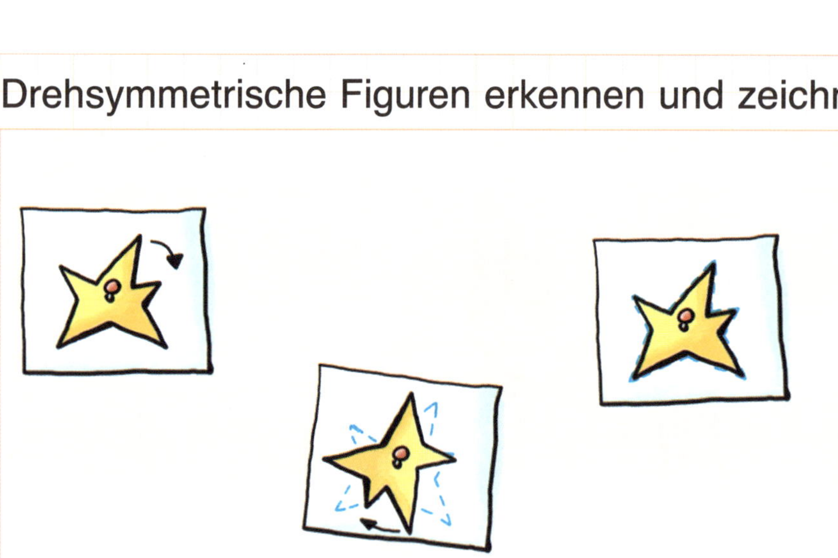

Figuren, die nur nach einer vollen Drehung um einen Drehpunkt wieder genau auf die Ausgangsfigur passen, sind nicht drehsymmetrisch.

1 Stelle die Figuren wie auf Seite 34 selbst her. Stecke jeweils eine Nadel durch den eingezeichneten Drehpunkt. Stelle dann durch Drehen fest, welche der Figuren drehsymmetrisch sind.

Seite 36 Aufgabe 1
A: ...

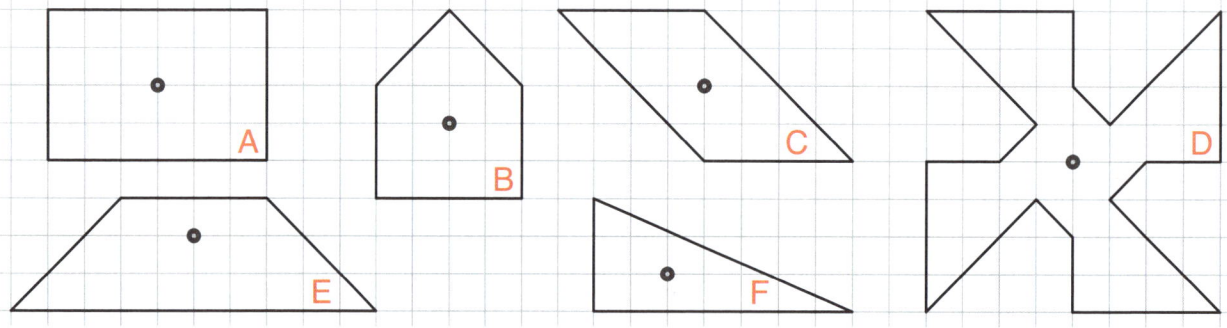

2 Übertrage die Abbildungen in dein Heft. Drehe jede Figur dreimal hintereinander eine Vierteldrehung. Stelle die entstehende Figur Stück für Stück in einer Zeichnung dar.

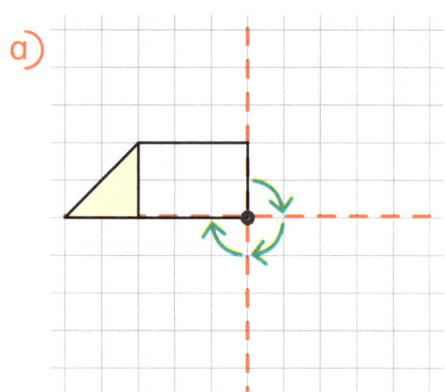
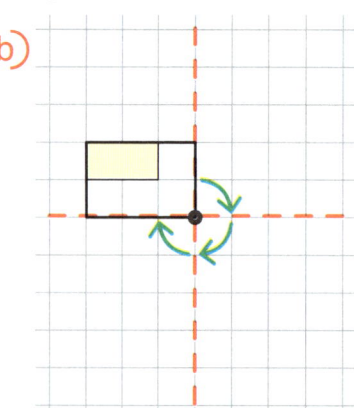

Seite 36 Aufgabe 2
a) ...

3 Zeichne selbst eine Ausgangsfigur, mit der du durch mehrmaliges Drehen eine drehsymmetrische Figur erzeugst.

Seite 36 Aufgabe 3

★ überprüfen vorgegebene Figuren auf Drehsymmetrie, nutzen dafür die Eigenschaften der Drehsymmetrie
★ ergänzen Teile von drehsymmetrischen Figuren zu vollständigen drehsymmetrischen Figuren
★ übertragen bekannte Vorgehensweisen und Kenntnisse auf eigene Figuren

→ AH Seiten 39 und 40